股票投机原理与盘势解读

[美] 汉弗莱 B. 尼尔　著
王仕英　译

地震出版社
Seismological Press

图书在版编目（CIP）数据

股票投机原理与盘势解读 /（美）尼尔著；王仕英译 .—北京：地震出版社，2015. 10

书名原文：Tape Reading and Market Tactics

ISBN 978-7-5028-4634-3

Ⅰ. ①股… Ⅱ. ①尼… ②王… Ⅲ. ①股票投资－基本知识 Ⅳ. ①F830. 91

中国版本图书馆 CIP 数据核字（2015）第 142504 号

地震版 XM3576

股票投机原理与盘势解读

［美］汉弗莱 B. 尼尔 著

王仕英 译

责任编辑：薛广盈

责任校对：孔景宽

出版发行：地震出版社

北京市海淀区民族大学南路 9 号　　邮编：100081

发行部：68423031　68467993　　传真：88421706

门市部：68467991　　传真：68467991

总编室：68462709　68423029　　传真：68455221

证券图书事业部：68426052　68470332

http：//www. dzpress. com. cn

E-mail：zqbj68426052@163. com

经销：全国各地新华书店

印刷：廊坊市华北石油华星印务有限公司

版（印）次：2015 年 10 月第一版　2015 年 10 月第一次印刷

开本：787×1092　1/16

字数：141 千字

印张：10. 5

印数：0001～3000

书号：ISBN 978-7-5028-4634-3/F（5327）

定价：30. 00 元

译 者 序

本书作者汉弗莱·尼尔先生是现代逆向思考理论的创始人，早在20世纪50年代就出版了他的经典之作《逆向思考的艺术》。尼尔先生长期研究群众运动与大众心理学，他毫不怀疑地认为，如果你训练自己的大脑，使之习惯于选择同大众相反的思路，那么你的想法将经常是更正确的。换句话说，在投资与投机的问题上，“众人通常是错误的”——至少在识别事件发生的时机方面是这样。

《股票投机原理与盘势解读》是尼尔先生早期的一部名作，出版于20世纪30年代，尽管当时《逆向思考的艺术》一书还未面世，但他将逆向思考的思想贯穿在他的投机哲学与交易中。在本书中，尼尔先生详细阐述了盘势解读的原则，列举了如何用逆向思考的方式去分析股票的走势，为交易者详细叙述如何进行量价分析，如何理解消息面变化时成交量的变化规律，如何观察盘面真实的变化而不是交易者想象的那样。并结合人性讨论了投机交易的哲学思想，对投机交易提出了一些十分具体而实用的建议。该书出版之后，迅速成为交易中盘势解读和量价分析的参考标准，也成为当时关于这一话题最畅销的著作之一。《股票投机原理与盘势解读》证明了尼尔先生是一个真正的天才，也证明了他对人性的把握，同时证明了他是逆向思维真正的先驱。

虽然我们已经处在21世纪，现在的形势与当年已截然不同，当年磁带卡片机电报传送的形式，完全用高速宽带互联网替代，手势场内报价已经改用电脑自动撮合，现代的交易者也与当年的交易者生活环境发生了很大的变化，但是古老的涨跌周期会一直延续下去。因而本书中讲述的投机原理与看盘规则依然有效。

尼尔先生在本书中建议，普通交易者只有通过刻苦研究和必要的付出来进行盘势解读，才能在市场中取得成功。他坚持认为，成功的交易者就是一位训练有素的企业家，能够根据价格和成交量的变化进行合理的决策。在他看来，只有方法得当和持之以恒才能铸就成功。在今天这种技术复杂的交易环境中，尼尔先生简单的建议仍然可靠：机械预测永远也无法取代智能判断。

尼尔先生忠告所有的交易者：

- 不要从众，应多进行盘势解读。
- 许多自然的心理反应都已经被证明是致命的。
- 漫无目的地买卖会让我们无法积累盈利。
- 快速反转之前通常要有很长的一段路要走。
- 不用告诉我买进什么样的股票；告诉我何时买进。
- 对自身观点的虚荣心是在股市失败的开端。
- 趋势不明的市场对交易者们最不友好。
- 在市场当中，一切行为都要与你仓促的结论相反，与看似合情合理的行为相反，这样你才可能会持续地获利。

希望我们所有的读者都能记住尼尔先生的这些忠告，做个成功的投资者。

王仕英

2015 年 5 月于天津

目　　录

第一部分　股票投机

第一章　股票投机 …………………………………………………… 3

第二部分　盘势解读

第二章　自动报价机的报价纸带 …………………………………… 19

报价纸带背后 ………………………………………………………… 19

报价纸带 ……………………………………………………………… 22

报价纸带会表明什么? ……………………………………………… 25

第三章　盘势解读原则 ……………………………………………… 28

报价纸带解读 ………………………………………………………… 28

一般原则 ……………………………………………………………… 29

第四章　量增价升 …………………………………………………… 31

第五章　量大势转 …………………………………………………… 33

量大价滞 ……………………………………………………………… 33

预示着上涨的成交量………………………………………………… 34

探测趋势转折点 ……………………………………………………… 37

不同类型的转折点 …………………………………………………… 38

第六章　量小势转 …… 41

挣扎性的市场 …… 41
呆滞的顶部 …… 42

第七章　各种类型的顶部表现 …… 45

顶部比底部更难识别 …… 45
尖顶 …… 46
平顶 …… 48
美国罐头 1930 年 7 月的顶部 …… 50

第八章　洛伊股票的行情回顾 …… 54

逐日说明 …… 54
一轮令人迷惑的回调 …… 55
洛伊股份在 11 月 15 日星期六的表现 …… 58
洛伊股份 11 月 17 日星期一的表现 …… 60
洛伊股份 11 月 18 日星期二的表现 …… 62
洛伊股份的突破 …… 63

第九章　美国钢铁——市场龙头股 …… 64

观察美国钢铁 …… 64
当心佯动 …… 66
美国钢铁 1930 年 8 月份的表现 …… 68
关于本书中的例子的说明 …… 71

第十章　小道消息很危险 …… 72

在报价纸带上检验你听到的小道消息 …… 72
电力照明公司的表现 …… 74

因此——任何消息要在报价纸带上进行确认 …………………… 77

第十一章　关于成交量的几个要点 ………………………………… 79

成交量的差异 ……………………………………………………… 79
重要的或者说“优良的”买卖 …………………………………… 81
撤销买单 …………………………………………………………… 83

第十二章　新闻报道对市场行为的影响 ………………………… 86

第十三章　阻力位 …………………………………………………… 89

阻力位和支撑位 …………………………………………………… 89
老的高低点 ………………………………………………………… 95

第十四章　对投机交易的一些建议 ………………………………… 97

在解读报价纸带时做一个悲观者 ………………………………… 97
用纸笔进行记录 …………………………………………………… 98
独自交易 …………………………………………………………… 100
不要观察每一只股票 ……………………………………………… 101
结合报价纸带使用图表和数据统计 ……………………………… 102
与公众背道而行 …………………………………………………… 104
趋势交易 …………………………………………………………… 106
资本总额与浮动筹码 ……………………………………………… 108
耐性是一种市场美德 ……………………………………………… 109

第十五章　美国钢铁在一轮正常的牛市行情期间的涨跌 …… 111

第三部分　市场哲学

第十六章　第三部分的前言 ………………………………………… 119

最大的阻碍是我们自己 …………………………………………… 119

市场哲学 …… 120
导致在华尔街赔钱的十种行为 …… 120
第十七章　关于人性和投机 …… 122
依据更长期的趋势进行交易 …… 122
市场自信 …… 123
不存在“立场”这样的东西 …… 124
被反映在市场上的新闻 …… 125
市场是它自己最好的宣传者 …… 127
时间因素 …… 129
如何以市场为导向进行思考 …… 131
基本因素与技术性表现 …… 133
对自身观点的虚荣心 …… 135
第十八章　再谈人性和投机 …… 137
贪婪 …… 137
像商人看待他的商品一样看待你的股票 …… 139
不要相信你所读到的任何内容 …… 140
客观观点的价值 …… 143
公众总是被愚弄 …… 145
永远不要追加保证金 …… 146
太过勇敢是危险的 …… 147
摊平价格以满足对自身观点的虚荣心 …… 148
第十九章　技术图表能够判断股价走势吗? …… 151
第二十章　投资随感 …… 154

第一部分

股票投机

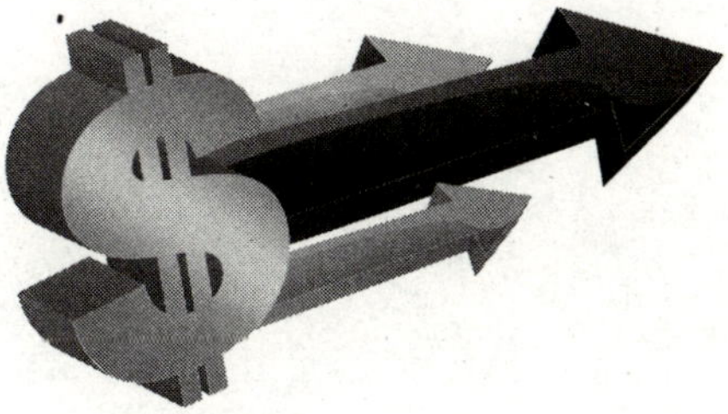

第一章
股票投机

在进行深入研究之前，我们先来回顾一下基础知识。

什么是股票市场？它不过是一种用来把股票换成金钱或是把金钱换成股票的市场。股票在证券投机领域中的价值，就像大衣和西装在服装行业中的价值一样：它们都是商品，都是用来买卖获利的。只不过服装生产商购买的是布料，然后用布料生产出商品，而金融“生产商”（称作“证券承销商”或“银行家”）寻求的是能够让他们生产出股票的环境。许多再融资计划都是金融机构在他们的商品架上缺乏商品的时候发起的。他们必须出售股票，否则他们就无法获利。

除了金融生产商，还有一些不承销证券，只扮演股票分销商角色的机构，以及一些只为自己买卖的机构。

当普通股票拥有某些资质的时候，它们就可以获准在纽约股票交易所挂牌交易。此外，也有成千上万只股票在其他交易所挂牌交易。本书中，我将只讨论在纽约股票交易所挂牌交易的股票，但这里讨论的各种原则也适用于几乎所有的投机场所。

对这些挂牌交易的股票进行买卖的都有哪些人呢？我大

致把他们分为三类：（1）寻求收益的投资者。各种机构（保险公司、实业公司、信托公司，等等）。银行投资部门。信托投资机构（那些实实在在参与投资的信托投资机构）。

（2）金融投机者、经纪公司交易员、众多希望赚取快钱的业余散户；此外还有交易型合伙公司。

（3）专业作手（译注："作手"是很多人都不了解的一类人群，在股市中有能力炒作哄抬，用不正当方法把股票炒高后卖掉，然后再设法压低行情，低价补回；或趁低价买进，炒作哄抬后，高价卖出的人被称为"作手"）、证券交易所场内交易员、集合基金（译注：pools，即美国用来联手操纵证券或商品行情的基金）、投资银行家，以及其他一些精明的投机者。

这里我们将主要关注第二类和第三类人群，即投机者；因为第一类，即投资者，不可能先买进一小部分股票，然后仅在一天之内就卖出变现。例如，在一个活跃的交易日内，美国钢铁（United States Steel）普通股的成交量可能会达到15万股，以每股均价200美元来计算，单就这只股票的成交金额总共就是3000万美元。为了让你了解在纽约股票交易所挂牌交易的股票的价值，我要再向你提供一些数据，与一年多点儿以前相比，截至1930年11月，在纽约股票交易所挂牌交易的股票的市值已经蒸发了将近400亿美元。

我强调这些数据，是因为如果我们要了解投机力量在我们今天的金融体系中所占据的重要地位，我们就必须了解他们所肩负的重大使命。

1930年9月30日，美国钢铁公司报告，他们的投资者持有他们705.6679万股的普通股，占其流通资本总额的

81.04%。这与投资者1929年9月30日所持有的74.75%形成了对比，表明这一年期间出现了显著的增持，这无疑主要是因为许多信用交易者在崩跌期间和崩跌之后买进了他们的股票。

1930年9月30日，经纪商和投机者手中持有161.2599万股，这与1929年的203.4512万股形成了对比。换句话说，假设平均每股的价格是150美元，1930年之前的4年里，平均每年的浮动筹码是200万股左右，那么你将注意到，单是投机者和经纪商就持有了美国钢铁公司大约价值3亿美元的普通股。

许多公司自豪地表示，在1930年他们的股东人数是增加的。他们当中一家引人注目的公司——杜邦公司，揭露了这样一个有趣的事实，即他们的股东数量从24134个增加到了1930年10月31日的32683个，每个股东平均持有其股票28股。当然，没有迹象表明，该数量的增加也像美国钢铁和其他许多公司的股东数量增加一样，是由大量在下跌期间变成了非自愿投资者的第二类投机者引起的。

当股价上涨时，这些非自愿投资者当中，有多少会再次变成投机者？我把这个问题留给你们自己来解决。不过，我可以肯定的是，有成千上万的交易者今天还说着："我再也不会投机了。在这之后，我要一直持有我的股票。"但他们很快就会忘记自己在不景气之年所做的决定，为了获得更多的盈利，或者说是忘记受到的惩罚而回到市场。

股票市场是一口充满了投机者或者说交易者的希望、欲望和失望的大锅。如果没有投机者，就不会有活跃的股票市场；如果没有投机者，美国就不会站在她今天所站的位置——世界领先的工业国家。我们或许会谴责投机，但是如果不是因为有源源不断的金钱被用来买卖股票，你我都不会享受到我们将其视作必需品的一些舒适品和奢侈品。

投机者“带球前进”，直达到目标。也就是说，在股票沉入投资者的保险箱之前，是投机者让股票保持活跃。

我们都知道，第三类专业人士与第二类非专业人士，也就是我们所说的“公众投资人”，之间进行着长期的战斗。

公众投资人就是消费者，专业交易者或者说金融生产商希望把产品卖给公众投资人。正如竞争是商业的生命一样，竞争也是投机的生命。抱有投机心理的公众投资人指望通过一种毫无计划的方式来交易股票并且获利，而专业人士则是十分系统地设计自己的策略，以便公众投资人从他们手中接过他们以更低的价格买进的股票，以此来谋求盈利。

除非我们公众投资人彻底了解专业人士如何生存，以及他们是如何操作的，否则我们就无法指望在与他们的战斗中取得胜利。

首先我们来仔细地看一看第三类投机者，并且对他们进行分类，以便区分不同的类型。投资银行家（或是从任何一个需要资金的人那里承销、购买股票或债券的银行组织）是生产商和分销商。正如我们已经了解到的一样，他与服装生产商一样，因为他必须把自己生产的商品卖出去才能获利。

股票、债券生产商有时可能会雇佣其他分销商和善于强迫式销售的销售经理（集合基金操作者），也可能会指定许多代理商来替他把股票和债券销售到全世界。他经常从股票经纪人和他们的销售军团（客户经理）那里获得帮助。集合基金操作者在自己认为股票很便宜时收购股票，以期之后以更高的价格把股票卖给我们公众投资人。

除了这些专业投机力量的成员，还有许多重要的个人交易者，他们为自己的账户买卖股票，依靠自己的智慧、技术和判断，从股票买卖中获利；更不必说其他许多暂时与我们的研究无关的、但也在发挥作用的人。股票和债券的生产与分销系统的分支很可能比其他任何一家商业领域的分支都要复杂。

许多情况下，专业人士都会以专家的身份受到邀请。假设浴室固定装置生产商打算筹集资金，用来建造一种新的装置。在增发股票之前，他会先去拜访金融生产商。该专家或许会建议，在实际发行新的股票之前，较明智的做法是先为他已有的股票筹划一个更加活跃的市场，因为这样他就能够以更高的价格卖出新股。于是，他们会制订出各种计划，这些计划就像该生产商打算为自己的浴室装置这种商品开发一个新的市场时所实施的计划那样。

假如某家公司的一批大股东打算卖出他们的股票，但却意识到自己无法在卖出手中所持全部股票的同时又不让股价大跌，他们就会邀请专业人士。该专业人士会保证替他们把股票卖给公众投资人，而他与股东们的协议就是，以某个特定的平均价格从股东手中获得股票。

许多专业人士可能会一起坐庄——即组成一个集合基金——目的是获得一定数量的他们认为可以以更高价格卖给公众投资人的某一只股票。

一家公司可能会希望通过在公开市场获得另外一家公司股票的方式来获得该公司的控制权。例如，它可能只需要5万股就能获得一家公司的运营控制权。他们会邀请一位专业人士来充当他们的买进代理人。在这种情况下，代理人的策略会是反向的，即他的工作也会是低价买进，而不是高价卖出。他的策略也是压低股价，以便促使公众投资人卖出。

我可以举出大量的例子来论证专业人士存在的原因。我们要记住的一点是，金融机构的职责就是把股票卖给公众投资人。一位专业人士的每一次操作都是有目的的：其操作可能只是为了个人盈利而进行的一次个人活动；也可能是为企业筹集资金的一次周密计划。一旦领会到专业人士把我们看作顾客而不是伙伴，我们就会开始认识到，在试图通过股票投机来获利，或者甚至是偶尔通过股票投资来获利的时候，我们所面临的任务是多么艰巨。

现在我们稍停片刻，来看一看专业人士为了获得自己想要的结果所使用的方法。

举个例子，假设我们当中很多人都认为联合汽车公司(Amalgamated Motor Car Company)的普通股目前的价格很便宜。我们认识该公司的管理人士，他们告诉我们，他们的业务正在好转，某些情况表明他们将在不久的将来获得更大的利润。他们进一步向我们秘密透露，公司的董事们正在为股东们筹划一个惊喜，并且打算将这之前积累起来的大量盈余的一部分转化成资本；换句话说，我们了解到该公司即将派送股息。

我们经过调查发现，只有三个大股东可能会卖出一定量的股票；了解到了这些，同时他们卖给了我们股票期权，期权的执行价大大高于目前的市场价，因此我们可以做出安排了。此时我们已经准备好吸进大量的股票，因为我们知道，有了这些期权，当该股开始活跃的时候，将不会出现任何大批量的卖出。

该公司的管理人士对我们的计划很感兴趣，因为他们公司的股票拥有一个活跃的市场对他们的业务有利，对他们的股东们也有利。因此，他们很乐意与我们合作，随时通知我们他们公司的运营状况、利润增加状况和其他相关细节。

我们请来一位专业人士，他是一位成功的集合基金经理人。我们先雇佣他做我们的买进代理人，然后再做我们的销售经理。

他的第一次操作是以尽可能低的价格为我们买进我们决定买进的股票数量。他可能会通过大肆宣传该公司过去6个月糟糕的收入统计来达到这一目的。然后他可能会“卖空”一定量的股票，希望通过这一方法促使公众投资人卖出股票，从而进一步压低股价。他为这次买进计划所选择的时间，自然会是总体市场在技术上处于弱势，公众投资人的情绪很悲观的时候。

此时，尽管我们已经买进了一些股票，但重要的战役仍在继续。我们的销售经理策划好了他的广告宣传报道。他放出消息，大意是说该公司的业务正在好转，该公司的董事长和财务主管也预先准备好了说辞。他们允许鼓舞性的谣言到处传播。他们还准备好了财务报表，以应对新闻媒体、市场通讯撰稿人、经纪商和客户经理。一切都是提前计划好的。

但是，最具说服力的交易理由还是正在上涨的股票价格。这次广告计划中所使用的主要媒介是自动收报机的报价纸带（译注：报价纸带，最早是指用针式打印机打印的股票细长报价单，就是以前古老的报价方式，是人工每隔一段时间在纸条上记录的股票价格，那时候是现场交易，电话委托。当时是用电报机来传播价格信息的，电报员收到的一般是01配对的脉冲信号，打出来的就是这种有很多洞的纸带，有洞代表0，没洞代表1，通过01的排列组合代表了不同的英文字母和数字信息，就这样不停地打印出股票的报价等数据。现在网络交易一般都是用显示屏来形成这些信息，所以现在也把显示屏显示出来的报价单等叫作电子版的报价纸带)。为了提升该股的活跃度和公众投资人的兴趣，我们可能必须要在一段时间之内继续买进该股。我们必须买进较小的交易者所构成的群体卖出的股票，不过这些交易者的数量应该不会太大，而且稍后看到该股的价格逐步平稳上升的时候，这些卖出人将会以买方的身份回到市场。如果稍后有过多的买盘出现，我们的集合基金经理人可能会卖出一些股票，以阻止该股上涨过快。

在整个这段时间之内，都流传着各种各样的传闻。人们普遍开始对该公司的事务感兴趣；人们开始询问自己的朋友是否注意到了某某事件；经纪商也收到了各种询问；广告宣传活动正在产生影响。

此时我们的集合基金经理仍然未能为我们卖出大量的股票。这之前他一直被迫在交易者们兑现盈利的时候买进该股。一些注意到了此次上涨的投机者们已经对该股进行卖空，这种类型的卖出也全部被我们的集合基金经理买进。不过，这些卖空应该是件十分令人高兴的事情，因为现在卖空的投机者最终会成为潜在的买方，他们有望稍后在我们的集合基金经理需要他们的帮助时，挂出他们的买单。事实上，我们的集合基金经理人一直很乐意买进那些卖空投机者的股票，并且还故意设计几次“逆向运动”来鼓励卖空。如果集合基金经理自己发现有必要进行卖空，打破平衡，以便控制其股票的市场表现，那么他偶尔也会卖空。

随着公众投资人对我们的股票越来越感兴趣，销售经理的工作也变得越来越困难。此时他还要应对一些专业人士，他们比第二类投机者更难对付。

此时我们允许谣言更广泛地传播；公众投资人正在贪婪地买进，认为自己一定会获得额外的股息，或者说获得某种“大西瓜”。集合基金经理人开始郑重其事地卖出股票；股票活跃性的增加引起了更加快速的上涨，进而也引起了更加剧烈的回调。然而，每一次上涨都到达了之前的最高价的上方，也就是每次上涨都创了新高。公众投资人很快就坚信该股将再上涨 100 美元，价格具有无限上涨的可能性。

由于我们的集合基金经理人卖出了成千上万股的股票，反反复复地买进卖出，因此该股的交易变得极其活跃，此时高潮已经临近。我们的股票已经被卖出了将近 3/4，重大时刻是时候要来临了。

第二天早上，全国各地的报纸都刊登出了广受欢迎的消息，该公司的董事们已经宣布股息。公众投资人的热情沸腾了，我们的销售经理倒出了我们所有还未卖出的股票，完成了他的工作！

我们的故事还未说完。此时大众投资者买入了股票，他们当中有一部分人会先卖出，之后其他人也会跟着卖出，由于该股没有了支撑性买单，所以股票价格持续下跌。接下来感觉“消息面已经出尽”的专业人士们会大量地对该股进行卖空，股价继续下跌，经纪人开始要求股票持有人追加保证金，更多的股票被投机者卖出，价格出现更快速地下跌。当价格下跌到一个对投资者有吸引力的水平时，重要的买进力量就会重新进入市场，卖空者也会回补他们之前的空单，该公司的管理人士可能也会买进一些股票，而当公众投资人卖光手中的股票时，快速下跌也就结束了。

公众投资人遭受了损失——即那些在价格上涨时买进，在下跌期间全部卖出的公众投资人遭受了损失。毫无疑问，在我们的这次假想操作中，许多投资人都听从了经纪公司所谓的专业投资顾问给出的建议："依据小道消息买进，在下跌的时候卖出。"

我对整个过程进行详细的说明，是因为我向你保证每个月都有人在计划着、实施着类似的操作。除非我们了解那些设计来引诱我们买进股票的行为，否则我们如何能够确定建立我们自己的投机交易时机，以便跟随专业人士的操作，在他们卖出时卖出。

据说股票很少会自行上涨，但却会因自身的重量而下跌，除非它们被推升。我认为这是事实，因为除非其背后存在着某种驱动力，否则我们就很难理解任何一只股票是如何保持活跃的。如果某只股票不活跃，交易者就会一个接一个地兑现盈利，或者说卖出该股，转而持有其他股票。行将结束的活跃性不会吸引投机者，而持续的买进和卖出才会创造活跃性和需求。毫无疑问，会有几个集合基金和许多专业作手同时对一些最活跃的股票感兴趣。

为了从投机中获利，我们必须交易活跃的股票，即专业人士正在操作的那些股票。作为交易者来说，我们获利的秘诀就是买进一只某个集合基金正在活跃操作的股票。这种股票拥有来自某家银行或某些银行的有力赞助和支撑，而且众所周知，其收益将随着价格的上涨日益增多。因此，我们的问题就在于建立头寸的时机，即何时买进、何时卖出？

让我们暂时将这种情形反过来。我们一直关注的是幕后，但公众投资人却是站在台前，看到的是舞台上所实施的各种信息，那么公众投资人通常都会猜错还有什么奇怪的？在试图战胜华尔街上那些知道内情的最精明的头脑时，个人交易者面临着可想到的最艰难的任务之一，即“内部人士”通常都有着强大的资本，能够在判断失误时承受损失。

但是，在我们所经历的1930年下半年那种整体大幅下跌的市场上，集合基金、大作手们，全部都遭受了损失——当然，除了那些从做多变为做空的作手们。精明的专业人士不会尝试在弱势的市场上，或者说在熊市上进行抬高价格的。偶尔会有某个专业人士为了短暂盈利而试图“对抗趋势”。但是，由于作手们必须让投资人买进他们的股票，因此他们几乎总是会在总体市场技术和基本面上都有利的时候才计划他们的操作。

一位战争时期的将军会对他所有的行动保密，以便迷惑敌人；同样地，一位金融场上的将军也会部署他的策略，以便让公众投资人和其他作手们不停地猜测。当我们开始讨论盘势解读时，我会对股票策略进行更加详细的阐述。不过，在这里插入一句也无妨，对我们这些股票买卖量相当小的外部人士来说，推测金融场上的将军们在做什么是毫无意义的。我们无法知道内部人士打算做什么，但是当他们执行交易指令的时候，我们可以在报价纸带上看到他们的指令。这就是为什么我会请求我们每一个人不要固执己见，而要让市场行为来告诉我们正在发生着什么。我们之后将对这个方面进行详细的讨论。

如果你在市场上遭受了损失，不要气馁。1929～1930年间，几乎每一个人都在市场上遭受了损失。当时许多大的交易者都赔掉了一切，不得不从头开始。集合基金也被迫在亏损的情况下套现，各银行到处要求偿还贷款，实际上是需要清偿。

如果你不能心甘情愿地接受损失，就不要在市场上进行交易！这项职业绝对不适合容易气馁的人。必须接受的损失数不胜数，问题就在于限制损失。任何人都不能在任何时候期望变成一个永远不需要接受损失的专家。

刚开始的时候要进行小规模的交易，要满足于合理的盈利。如果你决定用本书中所讨论的理论和观点进行试验，你最初就要小规模地交易。不要纵身跳入市场，也不要过度交易。我知道这是陈词滥调的建议，但是对保证金和资金的担忧会歪曲你的判断，妨碍你的交易技术。在你认为自己已经熟悉市场的技术性表现，能够解读市场运动，以及能够快速地接受损失之前，不要进行更大规模的股票投机！做一个小的交易者并不是什么丢脸的事情，市场未来很多年都会为股票交易敞开大门。

还有一件事情——在1929年和1930年的严重萧条和市场收缩期间，我们所有人都失去了理智。我们在那些年所形成的很多心理状态可能都需要在之后的几个月里或是几年里进行调整。我相信，你会发现本书中所阐述的主要原则都是可靠的。但是，我们的头脑必须灵活多变，以便以另一种观点来看待市场状况。我们必须以超前的洞察力看待市场，不要总是把现在的每一个因素与过去几年发生的事件进行比较。

新的状况会出现，一群新的交易者会诞生。但是，以前的反弹周期和回调周期却会延续下去，我们还是会有过度狂热的牛市行情和灾难性的崩跌。

无知的、鲁莽的普通投资者会高买低卖。我们将看见新的交易者在错误的时机慷慨地从华尔街那些老手们手中买进股票。

如今的操纵以及集合基金操作可能会需要更多的资金来应付新进入市场的更多的普通投资者，但老的操作手法仍将存在。

最后一个要求，然后我们就翻过这一页，进入盘势解读这一主题。如果你不愿意学习，如果你对亲自研究和分析股票市场不是十分感兴趣，那么我请求你变成一个完完全全的长期投资者，买进优质的股票，然后一直持有，否则你成为一位成功交易者的几率几乎为零。

第二部分

盘势解读

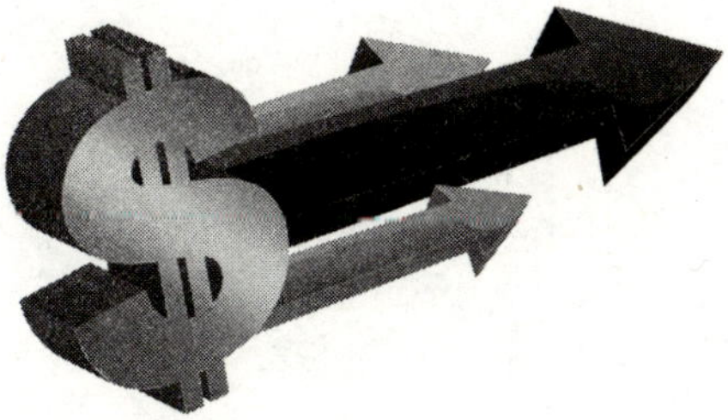

第二章

自动报价机的报价纸带

报价纸带背后

在第一部分，我们已经看到了自动报价机背后的一些力量。我可以肯定地说，你也会像我一样认为，如果我们想要成功地根据市场表现来预测股票何时上涨、何时下跌，我们就需要最大限度地发挥我们的智慧、观察力和敏锐的判断力(这些讨论涉及的是股价中期趋势和小型波动，不涉及我们通常所说的长期趋势)。

市场表现——股票的买和卖——被记录在报价纸带上。对于外行人来说，他们看到的和想到的都是报价纸带没有什么意义——它不过是一堆令人困惑的难懂的文字和数字。但是，对于内行人来说，它却提供了他们判断与研究的依据，以及能够把握的机会。

由于报价纸带记录的是金钱交易，因此我将在讨论股票行情的时候，要求你暂时忘记“点数”这个词，用“美元”这个词来代替。提起美元就会立刻让人联想到买卖的观念。

例如，如果你注意到报价纸带显示美国钢铁（我们用 X 表示）以 170 美元的价格交易了 5000 股，你就要提醒自己，这意味着美国钢铁公司价值 85 万美元的普通股已经被转手。如果你几个小时之后又注意到该股又以 175 美元的价格成交了同样的量，你就要意识到，这次换手意味着价值增加了 2.5 万美元。对于我来说，在谈及这样的交易时，与某人说“美国钢铁上涨了 5 个点”这一说法相比，如果使用美元这个词汇，其意义要重大得多。

在尝试了解盘势解读的技术细节之前，我们先在脑子里想象各种符号背后的场景。如果你从未去过纽约股票交易所，我建议你一有机会就要去看看。同时，想象这样一个市场，那里有成百上千人在忙着买进和卖出股票，然后你在某个角落里看到一小群人，这群人最中间的一个人拿着来自他的客户的买进指令，我们假设该指令要求以 150 美元每股的价格买进 1000 股美国罐头的股票——该指令的总价值为 15 万美元，这是相当大的一笔生意。这群人当中的其他人可能每人手里都拿着规模较小的卖出指令：其中一个人愿意卖出 300 股；另外一个人愿意卖出 200 股，等等。

在交易大厅里，有着许多我所描述的这种人群。这些人每天上午 10:00 到下午 3:00 之间一直都在执行从他们的公司收到的交易指令，即你我提交的交易指令，以及世界各地数十万买卖人士提交的交易指令。此外还有一些场内交易员——交易所的成员，他们为自己的账户买卖股票。所有这些买卖成百上千万股票的交易指令都被记录在了报价纸带上。

为了让庞大的交易额更加形象化，我们拿买卖总量为

400 万股的一天来进行说明。1930 年 12 月 16 日，300 只活跃股的平均价格为 39.89 美元。这 300 只股票的总成交量为 362.57 万股，因而仅这一天的成交额就是 144629173 美元！由此你很容易就能够想象到这之前 8 个月的交易数据。正如稍后我们开始讨论成交量时将指出的那样，这些数额有着极其重大的意义。

在第一部分，我已经描述了组成股票买卖人士的各类人群。这里要记住的重要一点是，所有这些人群都是人，都是像你我一样的人。其中一些人在股票市场上比我们经验丰富，但也有许多人的经验还不如我们。其中一些人是保守派，也有许多人是纯粹的赌徒。尽管如此，除了少数只为收益而买进股票的人，其他每个人都像你我一样，对同样的东西感兴趣，即将从交易中获得的盈利。我们受同样的欲望所驱使，被同样的情绪所影响。当然，由于我们性格与经验的不同，受驱使和影响的程度也不同。简而言之，我们都是设法利用自己在投机上的直觉判断来获利的人，我们都希望让自己的资金以一个超高的回报率为我们效力。

我们要清楚地意识到，自动报价机的报价纸带记录的只是过去表现出来的人性，它记录的是成千上万人的观点和希望。我们必须先在头脑中摒除其他所有事情，知道或是有望知道是谁在买进或是卖出的人少之又少。我们听说某某人在买进，但他或许也在通过另外一个经纪人卖出。如果他希望我们知道他在买进，那么我们就要小心了。所以，我们不能理会自己的预感和疯狂的猜测。如果他买进和卖出，他的交易记录会显示在报价纸带上，我们必须根据交易记录来进行解读。如果我们不断地猜测是谁在买进和卖出，我们就会一直停留在困惑的海洋中。

有特权知道是谁在买进的人不需要自动报价机的报价纸带。

在经纪公司里，你会更多地发现有人在讨论“他们”正在市场上进行什么样的操作，但却很少发现新手们能够意识到猜测一些他们根本不可能知道的事情，这是毫无意义的。我们从专业的交易者、集合基金操作人和重要的银行集团那里了解到的，只是他们希望我们了解的东西——不要忘记这一点！此外还要时刻记住，看不见的“他们”正在设法实现的结果与你我都想实现的结果完全一样，即从自己的头寸中获利。所有股票投机问题的解决方法就是，判断并预知其他交易者正在进行什么样的操作。还有一件事也是我们不能忘记的，我们正在与美国头脑最聪明的人斗智。

相当少的人能够持续地从投机交易中获利，这有什么奇怪的吗？

我建议你考虑这样一个问题。与我们相比，内部人士（见第一部分中的解释）在小型波动方面占尽了优势。在我看来，试图通过每小时或每天都在股票市场上买进卖出来持续获利几乎不太可能。趋势持续的时间越长，我们判断正确的机会就越大，这就是为什么我总是强烈要求根据中期趋势进行交易。

报价纸带

现在让我们来看一看自动报价机的报价纸带本身。

字母代表不同的股票。字母下方是数字，一些数字之间用圆点或黑色小方块隔开，其他的用字母“s”隔开。字母“s”和圆点的意义相同：将成交量与成交价格隔开。有“ss”出现的地方，记录的是一次零散交易（少于 100 股的交易），这样的交易被记录在为交易单位小于 100 股的优先股和普通股准备的报价纸带上。在记录成交量时，最后两个 0 都不被打印出来，除非成交量为 5000 股及以上。

在股票名称行里，在价格的含义十分明显的地方，通常都会省略整数，只打印出分数。例如，在联合公司（United Corporation）U（见图 1）那一行当中，你将注意到，这一行的最后一笔交易仅被记作“5 $\frac{1}{8}$”，其意思是“以 19 $\frac{1}{8}$美元的价格交易 500 股”。同样地，为了加快在报价纸带上的记录速度，当交易者对价格相当熟悉的时候，那些价格超过 100 美元股票价格的第一个数字经常被省略。表示这一习惯用法的一个例子可以在美国钢铁 X 那一行的记录中找到，此处所显示的＄46 $\frac{1}{8}$实际上指的是＄146 $\frac{1}{8}$。

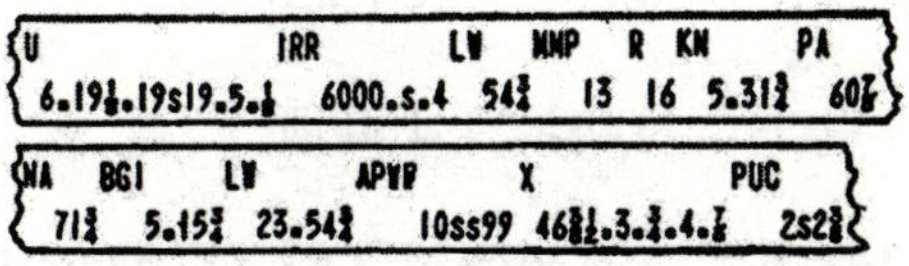

图 1

从左到右进行解读，我们对所给出的报价纸带条的解读如下：

联合公司（United Corporation）

以＄19 $\frac{1}{8}$的价格成交 600 股

以＄19 的价格成交 1900 股

以＄$19\frac{1}{8}$的价格成交 500 股

印第安炼油（Indian Refining）

以＄4 的价格成交 600 股

洛伊公司（Loew’s）

以＄$54\frac{3}{4}$的价格成交 100 股

迈阿密铜矿（Miami Copper）

以＄13 的价格成交 100 股

美国无线电公司（Radio Corporation）

以＄16 的价格成交 100 股

肯尼科特铜矿（Kennecott Copper）

以＄$31\frac{3}{4}$的价格成交 500 股

宾夕法尼亚铁路公司（Pennsylvania Railroad）

以＄$60\frac{7}{8}$的价格成交 100 股

北美公司（North American）

以＄$71\frac{3}{4}$的价格成交 100 股

布里格斯生产制造公司（Briggs Manufacturing）

以＄$15\frac{3}{4}$的价格成交 500 股

洛伊公司

以＄$54\frac{3}{4}$的价格成交 2300 股

阿特拉斯火药公司（Atlas Powder）优先股以＄99 的价格成交 1000 股（译注：此处原文是“10 股”，但根据上文此处应当是1000股。）

美国钢铁

以$146 $\frac{3}{8}$的价格成交100股

以$146 $\frac{1}{2}$的价格成交100股

以$146 $\frac{3}{4}$的价格成交300股

以$146 $\frac{7}{8}$的价格成交400股

犹他帕克采矿（Park Utah Mines）

以$2 $\frac{3}{8}$的价格成交200股

正如你所知道的，纽约股票交易所的交易单位是100股，除了少数几只交易单位为10股的股票，零散交易是不会被记录在报价纸带上的。这对用报价纸带解读的投资者实际上是有利的，因为这样他们在判断的时候就可以只考虑那些有充足资金来交易100股或是更多的买卖人士所进行的交易。当然，偶尔也会出现零散交易组成更大的交易单位的情况，这是很有价值的信息。你自然无法确定某次交易（我们假设一次1200股的交易）是否由零散交易组成。但是，你可以看到这1200股的交易结果。

报价纸带会表明什么？

我必须要说的是，我要提醒你，我在报价纸带上看到的只是股票买卖人士的交易结果；我的眼睛看不到那些难以理解的J.P.摩根公司的行情标志，也看不到杰西·利弗莫尔所执行的卖空操作。利弗莫尔先生或许在买进或是卖出，但是如果该股票上涨了，而我又是在做多，我就会感到满足。由于我跟J.P.摩根公司的任何一位成员以及利弗莫尔先生都不太熟悉，因此我十分确信，他们对我这样一位个人交易者根本不感兴趣。但是，他们对我所在的群体感兴趣。我的意思是，个人交易者试图确定某个重要的作手正在进行什么样的操作，但他从未停下来想一想，这个作手也必须根据自己正在操作的那只股票的表现来判断公众投资人（该个人交易者是公众投资人的一员）正在进行什么样的操作。这让我觉得我们是平等的。集合基金操作者或是大作手可以在紧要关头拥有几百万美元，如果他乐意用他的判断对抗公众投资人的判断，我们就应当乐意在不期待他亲自告诉我们他在进行什么样的操作的情况下，用我们的资金去冒险。如果我们想要尝试轻松赚钱，我们就不能抱怨有风险。

尽管我同意股票的运动经常会对华尔街的“股票拉抬”做出反应，但我同时也知道，股票大作手们也曾多次被公众投资人愚弄。这些作手将长时间地记住1930年。我们所有人都听说过，他们当时必须以损失惨重的价格卖出大批股票，“他们”接受了损失。因此我们也必须接受损失。买卖25～500股股票的人在需要卖出时几乎不用担心，他总是会有市场的。但是，做多几千股的作手却经常发现自己找不到买家而无法卖出。

因此，我们的问题总结起来就是，如何根据自动报价机的报价纸带上记录的表现来判断这两类人群（由所有买进人士组成的买方，由所有卖出人士组成的卖方）的未来动作——报价纸带会把他们的交易情况描述给我们，价格会告诉我们，买方愿意为某只股票支付的价格是多少，而卖方又要什么价格才愿意卖出他们的股票。成交量（每一笔交易的股数）会告诉我们，买方能够以及愿意花多少钱来支持自己的判断；相反的，在买方已经提供的价格下，卖方愿意卖出多少股。

第三章
盘势解读原则

报价纸带解读

报价纸带判读有赖于对成交量表现的考虑。最能说明问题的不是价格表现，而是成交量——即交易额，以及供给和需求。你也一定会认为，买方愿意支付 1.5 万美元买进 100 股美国钢铁（X—150），与买方愿意支付 15 万美元买进 1000 股美国钢铁（X—10.150）有很大的不同。在后一种情况中，需求更大，供给也更大。不要忘记，每一股股票的每一次买进也意味着一次卖出。我们的任务就是判断供需是否平衡：是需求大于供给——这种情况下价格自然会上涨；还是相反的情况。成交量的表现会把供需状况告诉我们，而价格只能表示成交价值。

报价纸带解读是一门艺术，而不是一门科学。在积累了经验并且对各种类型的市场熟悉之后，交易者会到达一个依靠直觉来进行判断的阶段。此时他已经有了报价纸带“感觉”。我不能指望把这种对报价纸带解读的直觉性理解传授给你们，但是如果你们理解了我所指出的关于这方面的原则和注意事项，不出几个月，你们就会开始获得这种“感觉”。熟悉多种（行情）标志、敏锐的眼力，以及对重大交易全神贯注地观察，或者即使缺乏这些，但却坚定地相信报价纸带的相关哲学和心理学是至关重要的因素，仍然可以带来成功——尽管不一定会成功获利，但却可以成功解读价格运动。

是否能够获利将取决于你自身的行为和反应，你的情绪、你按照自己的观点来采取行动的能力，以及其他上百种人性因素，其中许多因素都将在第三部分进行讨论。

不要气馁。如果研读价格运动很容易，就不会存在任何股票市场了；如果不是因为人们的观点存在着差异，就不会存在活跃的投机活动，也就可以在场外进行交易了。

一般原则

为了简化我们的问题，我在这里把成交量的表现大致分为三大类：

第一类，量增价升，中途伴随着量小价停或是量小价跌，这表明潜在的需求大于供给，有助于股票重新开始上涨。

第二类，量增价停，在反弹的顶部或上涨的顶部，成交量放大，并且持续放大一段时间，但价格不会大幅上涨——即股票交易频繁活跃，但价格上没有取得进展，这表明即将出现转折点。

第三类，“疲惫的”、挣扎性的上涨，期间成交量清淡，股票慢慢爬升，最终“死”在顶部。这表明需求匮乏（买单很少）；同时，鉴于卖单也很少，因此这种表现经常标志着一个360°的逆转，之后可能会出现成交量放大，价格下跌（当卖方明白他们不能指望价格大幅走高的时候）。这种挣扎性的趋势容易遭遇突然的反转，尤其是当它们已经持续了几天的时候。

目前出现的就是这些类型的市场表现，而在下跌市场中，这些表现会依次反过来。

我将试着以各种各样的实例来表明这些原则都是如何得到证实的。在某些例子中，我会谈论较大型的运动，以及主要趋势的主要转折点。而在其他一些例子中，我则打算展示相同的市场表现是如何在相对较小的交易单位中、更短的时间间隔内发出相同的标志的。广泛的研究表明，不管是在一天的区间内被用来预测接下来的小型波动，还是在一轮中期趋势或长期趋势期间和之后被用来预测接下来的波动，这些原则都同样有效。

第四章

量增价升

我已经阐述过，解读报价纸带的本质就是判读成交量的表现。关于这一点，最常见的例子就是市场迅速反弹的时候，成交量放大——价值几百万美元的股票换手。一段时间之后，人们会注意到，股票的上涨速度普遍减慢。此时就是应当注意成交量的重要时刻。如果成交量明显萎缩，价格上涨幅度逐渐缩小，这就是一个有利的信号，表明尽管买单减少了，但是不存在大量的卖单；否则股票会立即开始回调。如果在这一盘整期之后价格开始下跌，就要注意在下跌过程中成交量是否放大。如果价格在压低，成交量低迷，股票的交易规模为几百股，而不是大规模地成交，这就是随后上涨将重新开始的一个有利信号。毫无疑问，华尔街一句古老的格言就是源于这种市场表现的："绝不在一个呆滞的市场中卖出。"我认为这里指的是在牛市当中，这就像在熊市当中的市场呆滞时买进一样危险。

因此，要注意回调期间出现的成交量低迷现象，因为此时你或许可以期待市场重新开始上涨。相反的，一轮下跌之后的反弹期间成交量清淡是价格随后将进一步走低的标志。

1930年的春天和秋天，股票价格灾难性地下跌，期间的反弹就是以成交量立即缩小为特征的，也就是成交量在反弹期间萎缩。但是，在下跌期间，成交量却迅速放大，这明显意味着卖方打算卖出的股票远远多于买方打算买进的股票，买方能够不断地以更低的价格买进股票。

第五章
量大势转

量大价滞

一轮运动的尾声出现了巨大的成交量是极其重要的，因为这通常都标志着市场的一个转折点。在这种情况下，如果市场正在上升，那么就是在上涨过程中接近顶部时市场变得更加活跃，但股票却没有在价格上取得上涨。换句话说，买方想要买进更多的股票，不断地提交交易指令；同时，之前只愿意在价格上涨时卖出的卖方现在也愿意在此卖出大量的股票了。此时暂时出现了买卖双方之间心理上的较量，但这常常出现在顶部附近，顶部的极度活跃标志着随后将出现一轮大的回调。

这在底部也同样适用。你应该熟悉 1929 年和 1930 年间出现的各轮下跌期间的一些转折点，这些转折点处成交量大幅飙升。1930 年 6 月 18 日就有这样一个例子，当天有超过 600 万股的股票换手。当天晚些时候出现了反弹，买方很快便开始竞买股票，但是就在这之前，卖压还绝对大于买力。

1929 年和 1930 年期间还有很多这样的成交量日（译注：volume—day，即成交量极大的日子）。1929 年 9 月和 10 月就见证了这种顶部的股票成交量极大的交易日。

较小的运动也会有同样的特征。我提及的这些重大的日子，是因为这样可以更加清晰地进行说明。

接下来我们先来回顾一下成交量表现的最初两个阶段，然后用人的行为来对此进行解释。

预示着上涨的成交量

反弹期间持续发生的是什么？两件事：第一，那些为了回补之前的空头头寸的人买进股票；第二，那些预期股票会继续上涨的人再次买进。这两个群体都在花钱买进股票。但是，一个群体是在平仓，另外一个群体则是在开仓。回补空头头寸的人要比多头买进的买方匆忙得多。如果认为反弹将持续一段时间，卖空的人们将迅速回补。如果你在考虑买进（如果你在考虑卖出自己所持有的股票也是一样的），你就会对这两种观点感兴趣——已经卖空的交易者 A 的判断，以及正在打算买进股票并且持有等待上涨的交易者 B 的判断。你还会想要确定交易者 A 所在的群体人数是否远远多于交易者 B 所在的群体人数——即空头回补的人是否远远多于多头买进的人——因为如果反弹主要是由空头回补引起的，事情可能就很简单了，稍后可能会出现进一步地下跌。

你要如何辨别是空头回补还是多头买进呢？注意成交量，在上述情况下，还要注意价格变化的速度。如果你在考虑买进，你很可能不会匆匆忙忙地买进。此外，如果你感觉某个要求以市价执行的交易指令最终的执行价可能会比你目前在报价纸带上所看到的价格高出 2～3 美元每股，你就会不想买进了。另一方面，如果你已经卖空，并且感觉下跌已经结束，你就会提交按市价执行的买进指令，回补空头头寸，之后带着你的盈利满意地离场。

我们假设你感觉到了底部的转折点，买进了两三只股票。现在你的关注点应该是，如果对趋势中的转折点判断错误，你就要决定是持有等待大规模的上涨还是卖出。此时，你的问题就转变成了要确定是否有优良的买进随着空头回补一起进入市场，这里所说的"优良的买进"指的是那些有能力了解市场的潜在状况的人所进行的购买，以及担当某些股票的保荐人所进行的购买。你要注意以平稳上升的价格被买进大规模股票的交易。在这期间，市场会不时变得更加平静，成交量会萎缩，交易次数会减少。但是，你要注意，这期间一直极少出现明显的弱势形态，回调也只有在成交量达到 100～1000 或是 2000 股的情况下才会出现；大批量股票以更低的价格频繁换手的情况则很少出现。

在这里暂停一下，请问，如果你此时仍然持有空头头寸，你会怎么做？或者如果你在考虑买进，你会倾向于怎么做？

如果你仍然持有空头头寸，我相信如果价格没有下跌，市场很坚挺，你心里就会想："好了，我最好趁自己还有盈利的时候回补空头头寸，"或是"我最好在遭受更大的损失之前回补空头头寸。"同样地，如果你想要买进，但是还没有下定决心，你或许会再稍微犹豫一段时间。但是，当价格走高的第一个信号出现时，你就可能会跳入市场提交交易指令。

在这个虚构的市场中，我们假设目睹了一轮持续了两个小时的快速反弹。随后出现的市场呆滞又持续了两个小时左右，期间股票的价格仅下跌到了各自的“最高价”下方一两美元。此时的观点：那些预计价格会走低的交易者在卖出，其他人则在小心翼翼地买进。不久之后你会注意到，你所交易的股票出现了一笔3000股或是10000股的大规模交易，或者是一笔规模远大于正常水平的交易，其换手价格与前一笔交易的价格相同。此时你就要立刻提高警惕了，你一直在等待的就是这个信号。当然，这个信号可能是一系列的“价格温和上涨过程中的零散交易”，或是某一次不寻常的大规模交易。接下来，在这次不寻常的交易之后，你所交易的股票又出现了其他一些零散交易。同时，你还注意到了其他一些股票的大规模交易，而且，美国钢铁也正在获得动力。

此时你的注意力要集中到报价纸带上，以便立即了解市场呆滞之后出现的这些更大规模的交易是否会证实你认为市场将重新上涨的预期。不久之后你就可以清楚地知道这一点。有了我们的引导和大规模的成交量，市场或许会获得动力，指示出方向；报价纸带上可能会记录下更高的价格。此时，如果你还未回补空头头寸，你一定要回补。其他人也是一样，这样便形成了另外一轮反弹。但是，这一次由于是第二步，交易者们将会更加勇敢地买进，因而上涨将持续更长一段时间。此时我要提出来的是，股票经常在三日周期内反弹，因此如果你正在试图捕捉活跃的股价运动，你就要更加仔细地分析股票在这些周期结束时的市场表现。

如果出现了意料之外的情况，成交量扩大，价格走低，你最好立即卖出手中所持有的头寸，退出市场。成交量在下跌方向上进一步扩大将蚕食先前的反弹，市场将回到原点。然而，大多数情况下，反弹之后的市场呆滞却预示着上涨将重新开始。但是，不要与报价纸带争论。要确定出买方力量是否大于卖方，或者卖方力量是否大于买方，然后采取相应的行动。成交量将会让你了解买卖双方的力量对比。

探测趋势转折点

现在我们假设看到了一轮活跃而频繁的股票交易，它伴随着巨大的成交量，但价格却没有大的变化。正如我们所知，这指示出了趋势的反转。在这期间——这个期间的长短取决于该转折点的重要性，一些股票可能会飙升到新的高点，或者如果是上行趋势即将反转，股票则可能会创出新的低点。但是，绝大多数股票只会成交量放大，价格不会出现大的上涨或是下跌。这种表现常常是因为专业人士为了套现其他的股票而抬高龙头股的价格。如果即将出现的是一个重要的转折点，在这种紧要关头研究二三线股票的表现是一个不错的选择。这些股票或许可以让你很快地确认趋势的反转。例如，1929 年，不活跃的股票比龙头股提前几周开始下跌。当时，普通投机者如此猖獗，以至买方力量一连几周都没有消失。市场平均指数出现高点的日子是 9 月 2 日，但龙头股直到 10 月中旬才开始崩跌，出现明确的下行趋势。

在较小的价格运动中，我们也可以发现这些特征。在正常时期，市场会在主要趋势中不断地反弹和回调。1930 年夏天和秋天就出现了许多反弹和回调，但当时的趋势是向下的。此外，我之前所讲述的原则对中型运动同样适用。

如果用人的因素来解释，原因就十分简单。股价无非就是股票所有买方和卖方的决定。在转折点，买卖双方都做出了决定，此时买卖双方都很忙碌。

让我们暂时回顾一下某个顶部转折点之前的市场表现。公众投资人是为价格变化而不是成交量所吸引；也就是说，公众投资人不会分析成交量的表现。专业人士和集合基金就是在一轮运动的这些最后阶段之前和期间，把股票倾倒给缺乏经验的交易者手中。那些不谨慎的交易者看到价格在只有小幅回撤的情况下稳定上涨，便误解了极度活跃的交易，重仓买进——这正是专业人士们想要的。事实上，集合基金经理人就是基于这一人性的弱点进行操作的，他们知道成千上万的交易者和买方都将被价格的快速上涨所吸引，因此策划了这样的市场表现。成交量在这些时候会惊人地扩大，各大报纸会刊登出头条新闻来宣扬价格的上涨。

不仅一轮长期趋势的最后阶段（此时价格不会大幅上涨）预示着趋势的转折，顶部之前伴随着巨大成交量的快速价格运动也是一个危险信号。在华尔街，这些时期全部都被称为“派发区”，尽管严格来说，派发区要消耗更长的一段时间，因为集合基金会在上涨的后半部分和顶部形成之后开始下跌的前半部分派发股票。

不同类型的转折点

解读趋势即将反转时的成交量，我们必须考虑多种因素。例如，1930 年 6 月 18 日的成交量为 600 万股，它标志着一轮剧烈下跌的近似底部的出现。1930 年 8 月，这轮下跌接近尾声，由于活跃的保证金账户减少，抛售高潮出现时只有 340 万股的成交量。我清楚地记得，那一天，因为我当时正在市场上卖空，并且正在设法确定是否有足够的成交量标志着转折点的出现，或者说卖盘是否可能进一步大幅增加。然而，市场的表现有着许多“清盘”的特定标志，以及许多暂时出现超卖状态的标志。尽管出现了股票交易极其活跃的情况，但价格却将近三个小时几乎没有进展，成交量也没有进一步扩大。这就是我们要的信号。

然而，市场后来在当年 11 月暂时性地趋势反转时——在这之前出现了连续 51 天的稳步下跌，我们没有发现大的成交量日。为什么呢？因为此时经纪人那里的保证金账户的数量处于最低水平，经纪人贷款也下跌到了有记录以来的最低水平。此时实际的股票套现已经持续了几个星期，市场上没有涌现来自于（投资者的）保险箱的股票套现，也没有大型利益集团的紧急卖出，因为股票都被公众投资人以保证金的形式持有在手中。1929 年秋天的快速崩盘就是以保证金形式持有的股票被恐慌性抛售所导致的。因此，我们有必要估计股票套现已完成的程度，以及等待表明转折点的信号。

这是一个艰难的时期。我承认，我曾有两次下单“探底”，结果却很快发现我误判了市场表现。幸运的是，我们不经常见到大幅持续性下跌的市场；我们必须注意，不要用异常的市场表现来训练我们的“盘感”。

11 月 10 日，至少是出现了一个暂时性的转折，并且信号相当清晰。但是，我发现这一次必须完全借助于市场上的人性因素才能找到线索。我们所有人都知道，公众投资人通常都是错误的。由于无法从报价纸带上判断出这一价格下跌的特定时期是否已经结束，因此我去了几家经纪人公司，与他们的经理进行了交谈。我发现他们的行情室内突然再一次挤满了人。更重要的是，我了解到几乎每一个人都想要卖空。我感觉市场出现转折的时间已经到了。果然，第二天市场便开始了一轮大的反弹。关于公众投资人行为的这一信息，我在报价纸带上得到了确认。当时有信号表明市场处于超卖状态；在解读报价纸带上的市场表现方面比我更有经验的人必定也看到了这些信号，尽管我认为还有必要检查其他的因素，但他们认为已经不需要了。

我引入这些个人经验只是为了指出目前存在的各种因素。在前面的内容中，我主要从整体市场的角度讨论了报价纸带解读，之后我将列举一些针对个股的例子。

第六章
量小势转

挣扎性的市场

挣扎性市场的特点是，价格缓慢或不规则的上涨，成交量清淡，总体沉闷。对一轮挣扎性的下跌之后的转折点处的描述与此相反。

如果我们正持有股票等待上涨，这种类型的市场表现将会考验我们的耐心——这也是它对其他成千上万等待获利的交易者所做的。此时似乎没有人愿意出价买进任何数量的股票，但是也几乎没有卖方大批量地卖出股票，因为他们知道，即使要卖出，也没有足够的需求来吸纳他们卖出的股票。

正常的结果会是什么？会有两种结果，成交量的表现会告诉我们会是哪种结果。结果可能会是买盘最终耗尽，卖盘增加，因为卖方明白他们无法指望以更高的价格处理手中的股票了。这可能会导致突然的下跌，其标志将是更大规模的股票以持续降低的价格被卖出（见图 2 以及图中的解释说明）。

第二种可能性是，卖压没有增加，但价格反转，在自身的重量下下跌。换句话说，市场先是挣扎着上涨，随后由于不耐烦的持有者兑现盈利，或者说由于厌烦而全部卖出，市场反转。在需求干涸的同时，供给也同样保持清淡。接下来在这疲惫的上升运动之后，市场出现了一轮消沉的、呆滞的回调。该回调可能会持续一段时间，直到市场到达一个需求量增加的位置，而需求量增加会由更大规模的交易反映出来。这种沉闷的市场或许反映了投机力量暂时的犹豫不决，他们正等待着来自商界的确切消息。消息可能会在一轮极度沮丧之后被发布出来，发布之前公众投资人的情绪处于低潮，专业人士也只是“按兵不动”等待公众投资人“遗忘”。

在这样的市场中很难操作，因为你既不能判断市场是否会在清淡的成交量下反转，也不能判断市场是否会突然反转。后者出现的频率更高，因此交易者明智的选择是离场观望，或是通过为自己的头寸设止损指令来保护自己不受大的损失。

呆滞的顶部

美国钢铁在 1930 年 9 月反弹顶部处的表现就是反转性顶部的一个很好例子，顶部之后成交量在下跌过程中逐步放大。

正如你将在图 2 中所注意到的，美国钢铁在一个 6 个点的区间内无精打采地波动了 20 天，无法在上涨一方有任何进展。该股 16 日和 17 日在报价纸带上的表现，比我在这张展示了每日收盘价的图表上所能展示的信息更加值得注意。但是，不管怎么样，关于这些表现意味着什么，我们都很难得出一个明确的观点。

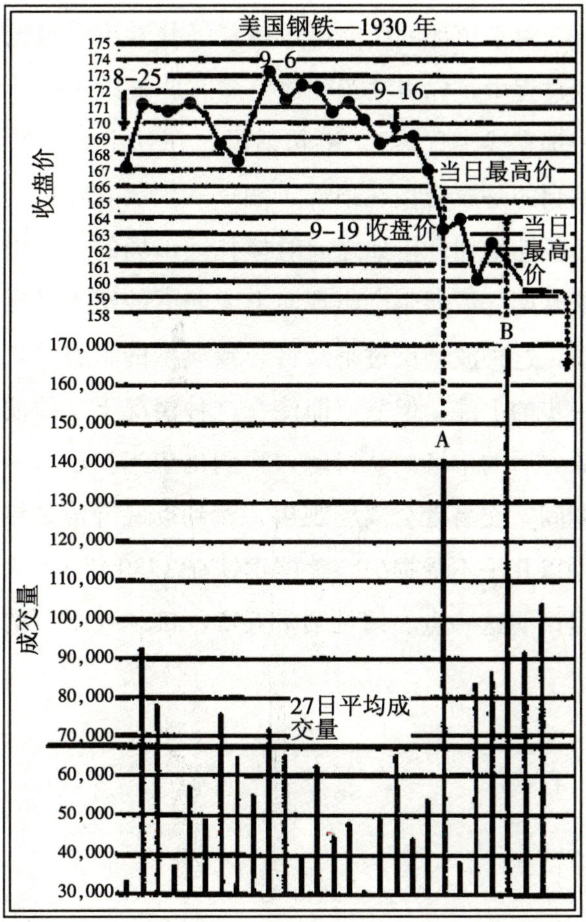

图 2

最终在 19 日（标为“A”处），成交量突然放大到了 14.2 万股，而之前三个月平均每月的成交量仅为该数量的 1/3，这两者形成了鲜明的对比。报价纸带上的表现显而易见：股票大量而稳定地被卖出，下跌期间成交量也没有减少。交易日中偶尔出现盘整期的特点就是市场呆滞。“B”处的表现也值得注意，因为此处的重大卖出与“A”处一样显而易见。

对平顶部的研究可以解释挣扎性市场理论。在顶部形成的过程中，你将注意到成交量有明显缩小的趋势（以底部处的垂直线为代表）。换句话说，在这个具体的例子中，我们见到的是成交量在顶部干涸——预示着转折——以及回调时活跃性增加。正如之前对挣扎性市场的描述中所提到的，呆滞时期之后偶尔会出现向上或向下的毫无目标的、温和的波动，这种波动反过来又将导致典型的盘整，之后才会出现进一步的上涨。但是，即使在这种情况下，即使我们在等待呆滞之后的市场确认行动，我们也应当自己去探测信号。在此期间，交易者会离场观望，直到彻底弄清楚结果，这样他便可以几乎不受损失。美国钢铁在1930年1月和3月的表现可以说明这一点。请见第十五章，112～113页的图15和图16。

第七章

各种类型的顶部表现

顶部比底部更难识别

整体市场，或者说市场平均指数的顶部信号没有底部信号容易识别。顶部与底部的表现有所不同是因为在走向顶部的过程中，所有股票不会同时到达顶点。因为，一般来说，在任何市场中，买盘动作都总是慢于卖盘动作。但是，在走向底部的过程中，股票会随着价格的下跌获得动力，由于恐慌，普通公众投资人会毫无道理地倒出股票，从而导致底部低点的出现。

我们见过许多整体市场的圆顶，它们都与尖底有所不同。对此最好的说明就是 1929 年秋天 2～3 个月的平顶，它与 1929 年 10 月 29 日和 11 月 13 日的一天之内形成的底部形成了对比。

因此，在探测股票运动的顶部时，我们必须观察单独的某只股票，不能根据整体市场的表现来确定卖出信号。但是，当我们注意到股票平均指数反映出整体市场上涨变慢——市场变得疲惫，并且明显是在挣扎着形成更高的顶部——那么我们就可以假设需求已经不足以推动股票在不出现中等规模回调的情况下继续上涨了。此时就是时候集中精力分析个股的行为了，因为成交量作为整体市场的信号，经常具有欺骗性，其原因是顶部可能会消耗几天的时间，期间每一天都会出现大的成交量。

正如我所说过的，我们必须仔细分析这种看似疲惫的市场，因为在直线上涨的牛市当中，上涨重新开始之后，这种表现有时只会变成一个盘整期（见 112～113 页图 15 和图 16）。但是，从下面的举例中你将注意到，在顶部形成的时候，我们的确可以根据成交量来获得信号——不管该顶部之后是出现了一个成交量大幅增加的快速反转，还是该顶部是一个缓慢下跌的顶部，一天之后或更长时间之后出现了巨大的成交量。因此，大体上来说，价格急剧上涨之后成交量显著增加就表明正在派发。

尖顶

图 3 中显示的是美国国际电力公司 1930 年 7 月的顶部。该图几乎不需要解释说明，先是三天之内冲刺到顶部，紧接着的 30 日突然出现反转，价格从最高价 77 $\frac{3}{8}$下跌到收盘价 73，期间伴随着巨大的成交量。在这个例子中，你将注意到，顶部日（译注：top－day，即顶部出现的日子）的最高价仅比前一天的最高价高出 0.25 美元，但这最后的冲刺中成交量更大。顺便说一下，该图表中的曲线是由每一天的最

高价形成的，时间跨度是 1930 年 7 月 14 日至 8 月 10 日。

这是对一只股票经常如何放量冲刺，然后在一天之内放量反转的清晰描述。

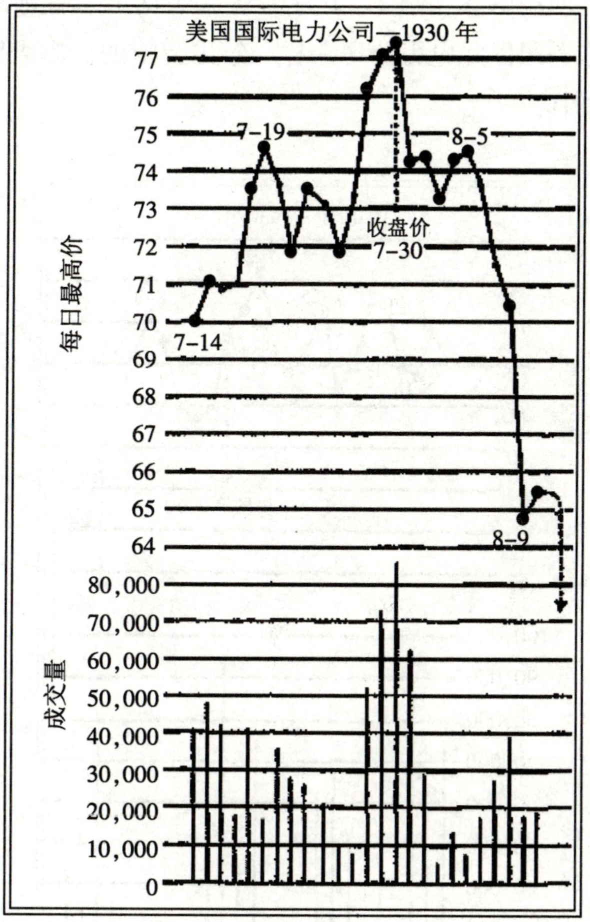

图 3

平顶

通用电气（图 4）7 月的这次表现不太容易解读，它没有像美国国际电力公司一样，给出清晰的标志表明哪一天是顶部日。

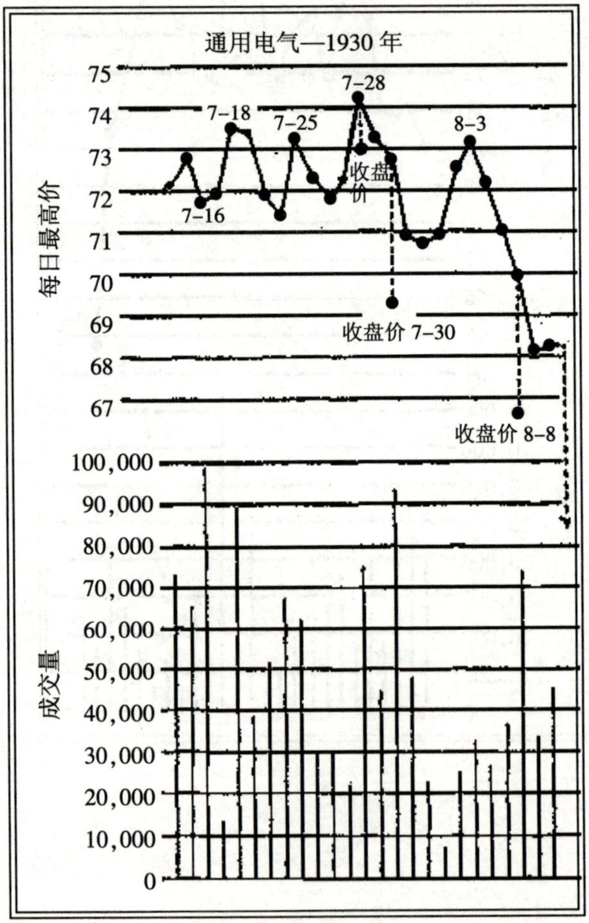

图 4

对一整天的表现进行分析之后你会发现，直到 30 日我们才收到确切的信号，表明供大于求，并且顶部已经形成。

然而，我们可以从报价纸带上发现更早的信息。16 日，价格 69 $\frac{1}{8}$与 70 $\frac{1}{2}$之间出现了支撑买盘与卖盘力量的极强对抗。这一天的总成交量为 9.8 万股，其中 9 万股是在买卖双方的这次角力中交易的。大概下午2:30，卖压消退，通用电气上涨，以 71 $\frac{5}{8}$的价格收盘。该图表显示的只是每一天的最高价，因此这一天的表现的重要性无法从该图表中看出。

18 日，战斗重新开始，但结果却相反。最初 4 个小时的成交量只有 2.87 万股，但在下午2:00到3:00之前，成交量却达到了 6.05 万股。最终卖方战胜了买方，该股没能在上涨一方做出实质性的进展。从成交量的表现来看，明显是正在进行派发，即通用电气的卖盘大于买盘。

28 日，最高价出现的日子，这一天的特点是 1.5 个点的狭窄区间内成交量持续不断。尽管通用电气前一天陡直上涨，成交量清淡，但 28 日的卖盘却极其沉重，同时，尽管需求暂时足以承受抛售潮，但该股的供给明显大于需求。每当通用电气上涨到 73 上方时，都会多次出现大规模的卖出。终于，在最后的一个小时内，趋势明确反转，该股快速地从 74 $\frac{1}{8}$开始下跌，最终以 73 的价格收盘。

30 日，卖盘持续不断。毫无疑问，卖压远远超过了需求，一整天都没有出现一次像样的反弹——每当股票套现一减少，成交量也就枯竭了。

美国罐头1930年7月的顶部

我相信再一次对顶部的表现进行说明可能会有所帮助。在这个关于美国罐头的例子中，我准备了一张包含1930年7月26日（星期六）、28日、29日和30日这四天的图表（图5）。为了比以一天为单位更加详细地展示顶部的表现，我把这些天大致划分成了半小时周期，该图表顶部的垂直线表示的是这些周期内最高价与最低价之间的区间，垂直线左边的圆点代表开盘价，右边的圆点代表收盘价，底部较长的垂直线表示的是成交量，我在成交量下方标出了每一天的总成交量和交易的次数。

粗略地看一眼，你就能立即看到成交量日是30日，这一天价格不断地下跌，随着价格的进一步走低，动力和成交量也不断地增加。这一天有220笔交易，几乎是顶部日交易次数的两倍，成交量同样将近顶部日的两倍。这一表现从一开始就很明显，因为美国罐头当天以高于前一天的收盘价1.25美元的价格开盘，结果却遭遇了卖盘，在不到一个小时的时间内掉头向下。

现在我们来看一看之前几天的情况。毫无疑问，如果能让报价纸带在我们眼前滚动，我们能够记录下股票的单笔交易和零散交易，那么我们要进行合适的重大交易就会更加容易。不过，从图表上查看交易状况也相当清晰。26日，星期六，该股的表现有利于价格走高。在上涨过程中，成交量很大；在回撤过程中，成交量清淡。但是，星期一的情况却有所不同，开盘之后不久，活跃的买盘就促使美国罐头的价格

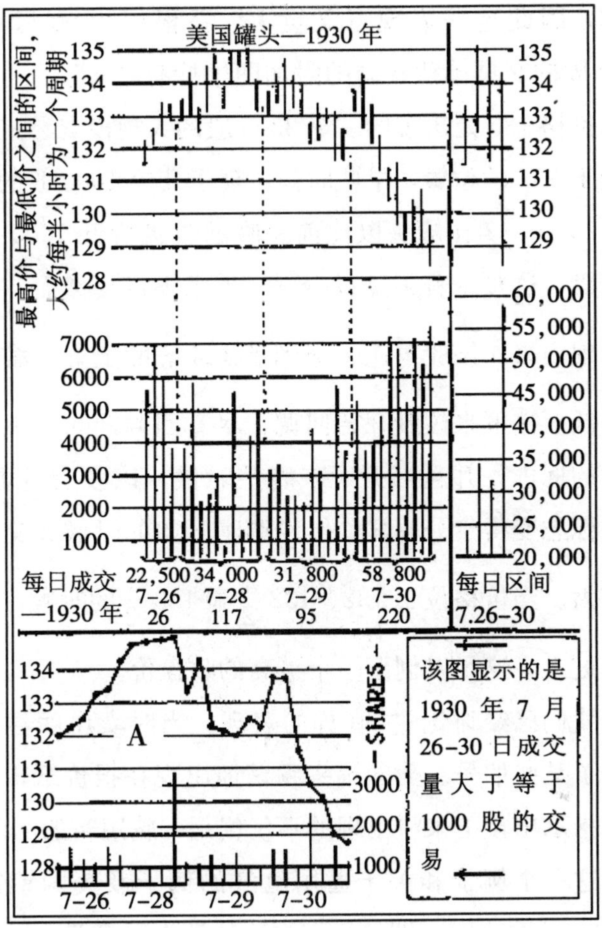

图 5

超越了 134。随后出现了一轮大约 2 美元的回调，期间该股活跃度降低。接下来该股再次反弹，几乎到达了 135。然而，这一次的需求明显减少了。之后又一次回撤，相当引人注目的买盘出现在了报价纸带上，美国罐头先是几次试探 135，最终穿越了 135，但却只在 135 上方停留了一会儿。由于价格 134 $\frac{1}{2}$ 到 135 之间的阻力十分强大——至少对于当天来说如此，因此这一表现意义重大。在根据 1000 股或超过了 1000 股的交易单独绘制的附加图中标有“A”的地方，你将看到价格 135 处出现的一笔 3300 股的大规模交易。在价格恰好低于 135 的位置，早些时候出现了几笔 1000 股的交易。

29 日，美国罐头以比前一晚的收盘价低 1.00 美元的价格开盘，这预示着买盘稀少——需求不足。然而，买盘却很快显现出来，该股再次上涨到了 134 $\frac{1}{2}$的上方，然后需求再次降低。接下来该股开始回调，尽管回调期间出现了成交量放大的标志，并且当天下午晚些时候，该股明显更加活跃，这些标志变得十分明显，但回调刚开始的时候成交量并不是特别大。当价格位于 132、132 $\frac{1}{2}$和 133 $\frac{1}{2}$的时候，支撑大规模地进入，这足以创下一个更高的收盘价。

我们已经讨论过 30 日的表现。当时卖压明显，成交量发出了某些信号。美国罐头频繁地出现在报价纸带上，市场明显指示出接下来将出现的不仅仅是一轮短暂的回调。

这一个例子和关于通用电气的例子及美国钢铁的例子（图 2）共同表明，即使我们未能估计出顶部日——这通常很困难——我们很快还会发现表明顶部已经形成的确切标志。不管是从不详细的日线表现来看，还是从晚报行情报告中看，某些上涨的阻力位都不明显，但是我们可以在报价纸带上探测出这些阻力位。由于精明的交易者不会试图在距离顶部 1/8 的位置卖出（译注：美国股市当时的报价以 1/8 美元为最小单位），我相信这些例子将使你们对在顶部可以看到的各种类型的市场表现和卖出信号都有一定的了解。世上不会出现两片完全一样的树叶，同样地，市场不会有两种完全一样的表现和卖出信号，但是它们的主要特征基本相同。同时，我相信你会发现，顶部都是在 29 页和 30 页所列出的三条原则中的其中一条原则所描述的市场表现下形成的。

这些例子清晰地表明我们必须集中精力分析市场表现，以便区分价格没有进展时的成交量表现（买卖双方的僵持）、价格运动期间的成交量表现，以及呆滞、衰竭时的成交量表现。

第八章

洛伊股票的行情回顾

逐日说明

我相信，对洛伊股票 1930 年 11 月的表现进行详细回顾将有助于理解报价纸带的原则，因为它的确十分彻底地展示了解读报价纸带的原则。

至少我那个时候对该股的表现极其感兴趣，因为我当时持有该股。结果不久之后就发现自己十分不安。

1930 年 11 月，洛伊股份有限公司报告，截至这之前的 8 月 31 日那一年，其每股收益为 9.65 美元，这是一个辉煌的纪录。如图 6 给出了洛伊股份在 11 月 1 日到 12 月 2 日这一段时间内的表现，你将在该图中注意到，该股承受住了当时市场上普遍存在的猛烈的抛售潮。

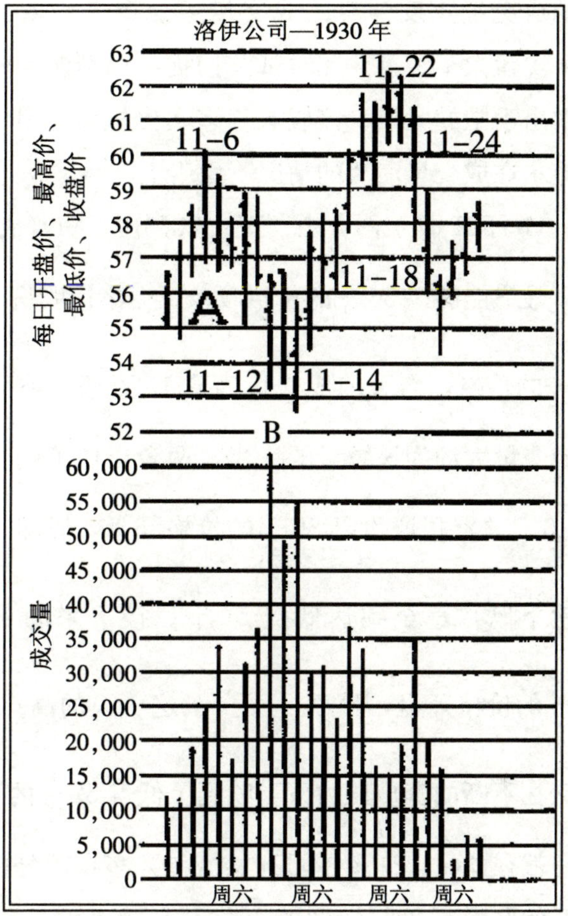

图 6

一轮令人迷惑的回调

11 月 5 日、6 日和 7 日（图 6 中“A”的部分），洛伊股份在报价纸带上的表现不尽如人意，反映出它是一匹“害群之马”。7 日观察报价纸带的交易者将会发现，洛伊股份下跌时的成交量比反弹时的成交量更加令人印象深刻。换句话说，卖盘大于买盘。此时试图捕捉中小型波动的交易者将立即卖出手中的股票。该股有很多卖出机会，因为它有好几次都显示在成交量清淡的情况下稳步上涨。

11 月 12 日（图 6 中“B”的部分），随着成交量的放大，尽管最终能够以 56 $\frac{1}{4}$的价格收盘，但洛伊股份下跌到了低至 53 $\frac{1}{4}$的价格，当天的成交量为 6.13 万股，前一周平均每天的成交量大约为该数量的一半，两者形成了明显的对比。11 月 13 日，洛伊股份以 56 $\frac{5}{8}$的价格开盘，但却一整天都在不断地下跌，直至到达低点 53 $\frac{3}{8}$。接下来的一天，该股以 54 $\frac{1}{4}$的价格开盘，随后上涨到了这一天的高点 55 $\frac{3}{4}$，接下来又在不断的套现压力下下跌到了低点 52 $\frac{5}{8}$的价格。

就在此时，许多传闻开始流传，多在于分析该股将大幅走低的原因。我所听到的声称“来源绝对可靠”的三种传闻，可以作为市场流传消息的典型范本，在此很具有教育意义，因为它们表明我们通常所听到的与某只股票相关的消息都是过时的，甚至很可能是假的。我或许也曾对这样的传闻感兴趣，但是我已经努力实践我在本书中所宣扬的理念——在交易日认真地观察报价纸带，分析它所反映出的真实信息。

有人告诉我，由于会计方法的原因，洛伊股份的收益报告不精确。另外，沙伯特正在大规模卖出该股。第三种传闻与福克斯利益集团有关，该集团当时被迫卖出他们所持有的洛伊股份的股票。如果曾经亲身经历过这样的状况，你一定会很容易就回忆起这样的信息对你所产生的影响。然而，我当时就意识到了，这些传闻都出现在该股已经下跌了大约6～8美元（这违背了当时整体市场的反弹趋势）之后；此外，在观察该股在报价纸带上的表现时，我就确信最坏的状况已经过去了，因为当该股在成交量大幅飙升的情况下下跌到 $52\frac{5}{8}$ 的时候，买盘就明显大于卖盘了。该股在这一天的成交量是几个星期以来第二大的日成交量，但该股却只在前一天的基础上下跌了 0.75 美元。我认为这是一个特别好的例子，它表明“量大价滞”标志着转折点的出现。这在当天晚些时候得到了证实——当时该股收盘于 $55\frac{1}{4}$，在前一天收盘价的基础上上涨了 1.25 美元，在掉头向上的这一天的最低价基础上回升了 2.625 美元。

我对这一情况的看法是，当市场上其他股票开始反弹时，该股却在下跌，这一定是因为某种临时状况。毋庸置疑，我所提到的三种传闻消息中的其中一种可能有事实依据，但问题是这些传闻消息的散播经常是为那些想要得到某些东西的人提供帮助。一位活跃的交易者会在 11 月 14 日因为成交量的表现而买进洛伊股份的股票。

如果我继续跟踪这只特定的股票，展示接下来一天（即星期六）的表现是如何进一步确认 14 日的表现的，或许会更有意思。

洛伊股份在 11 月 15 日星期六的表现

当天洛伊股份以 $55\frac{1}{2}$的价格开盘，该股在最初的 4 分钟左右十分沉闷，直到一大批股票以 $54\frac{3}{4}$的价格换手，这一次的成交量为 2300 股，随后紧接着出现了另外一次 100 股的交易，交易价格为 $54\frac{7}{8}$；接下来出现了几次个人交易，交易价格为 $54\frac{3}{4}$；之后成交量放大，价格为 55 的交易出现在报价纸带上。不久之后，洛伊股份一连串的交易出现在了报价纸带上，如图 7 所示。以 $55\frac{1}{2}$的价格交易 100 股；以 $55\frac{3}{4}$的价格交易 300 股；以 $55\frac{7}{8}$的价格交易 700 股；以 56 的价格交易 100 股；随后立即以 $56\frac{1}{4}$的价格再次交易 300 股；接下来以 $56\frac{3}{8}$的价格交易 300 股。然后几乎立即出现了另外一次价格为 $56\frac{5}{8}$的交易和价格为 $56\frac{3}{4}$的 1000 股的交易。

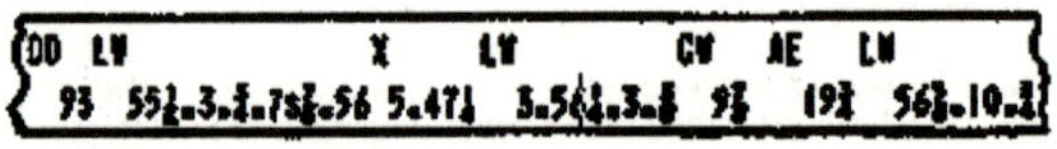

图 7

这些交易所反映出的重要一点是，洛伊股份的股票以

$54\frac{3}{4}$的价格大规模交易 2300 股之后，成交量便在价格上涨的过程中开始扩大。

接下来又有两笔交易出现在了报价纸带上，如图 8 所示，其中一笔交易开始时的价格为 $56\frac{7}{8}$，在买进 700 股之后，价格上涨到了 $57\frac{1}{4}$；另外一笔交易的成交量为 1000 股，交易结束时该股上涨到了 $57\frac{5}{8}$。

图 8

之后该股平静下来，成交量减少，价格在 $57\frac{5}{8}$与 $56\frac{1}{2}$之间出现了几次 100 股和 200 股的交易。

然而，洛伊股份很快又有 1000 股的股票以 57 的价格换手，随后又出现了另外一次 100 股的交易，交易价格为 $57\frac{1}{8}$；接下来出现了一次 100 股的交易，交易价格为 $57\frac{1}{4}$；然后以 $57\frac{3}{8}$的价格交易 400 股，以 $57\frac{5}{8}$的价格交易 500 股，以 $57\frac{3}{4}$的价格交易 600 股。顺便说一句，当重大的利益集团下单吸进一定限额内所有卖出的股票时，经常会出现这种类型的表现。

接下来出现了一次轻微的回调，期间成交量较小，价格

回调到了 $56\frac{3}{4}$。就在周六收盘之前，大概差一刻钟到 12 点的时候，成交量略微增加。之后该股连续出现了几笔交易，成交量相当大，开始的时候以 $57\frac{1}{2}$的价格交易了 400 股，以 $57\frac{5}{8}$的价格交易了 2100 股。当天该股强势收盘于 $57\frac{1}{4}$。在这短短两个小时的时间之内，成交量高达 2.97 万股。

大约 12 点的时候，道琼斯自动报价机报告了以下内容：“洛伊股份——陡直的反弹在一定程度上反映出某个大的投机账户对该股的套现已经结束。”这进一步证明了这样一个真理，即新闻刊登的时间通常都太迟了，以至它不会对市场产生什么影响。

当天上午出现的关于洛伊股份的一个有利信号是，它在活跃的急剧上涨之后不再那么活跃（即没有出现大规模的卖出）。

洛伊股份的股票在这一天的表现阐明了解读报价纸带的一条原则。如果一只股票先是放量上涨，然后缩量回调——换句话说，如果成交量在回调期间干涸——这就是该股出现进一步上涨的有利信号。

洛伊股份 11 月 17 日星期一的表现

为了继续回顾这只股票的表现情况，我追踪了洛伊股份在 17 日星期一的每一笔交易，并且绘制出图表，记录了这一天的表现（包括成交量，如图 9 所示）。你将注意到这一天的表现中一些有意思的状况：各上涨期间和各个顶部都出现了成交量的放大；出现了一笔价格为 56 $\frac{5}{8}$的 1000 股的大规模交易。此外你还将记住洛伊股份星期六以 57 $\frac{1}{4}$的价格收盘。该股星期一以 57 的价格开盘，并且在最初三笔成交量仅为 100 股的交易之后回调到了 55 $\frac{3}{4}$。但是，随后几乎又立即开始了一轮十分平稳的上涨，期间成交量放大；但在价格 57 与 58 $\frac{1}{4}$之间，洛伊股份又遭遇了一次大规模的卖出。截至此时为止，该股的表现是利好的，因为第一轮上涨期间出现了成交量的放大；但是其表现随时都可能变为利空，因为该股的卖盘，以及成交量放大在 58 这个水平上的交易次数，都表明该股将出现一轮短暂的回调（成交量放大，但价格停止不前）。

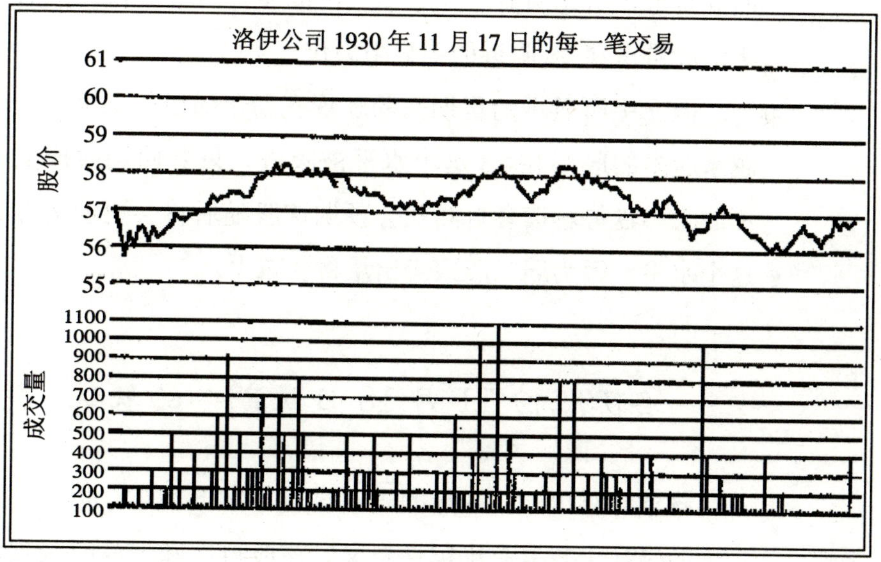

图 9

正如你将注意到的，在遭遇了大量的卖出之后，尽管成交量明显萎缩，但该股却再次下跌到了57 $\frac{1}{8}$。随后洛伊股份再次上涨到了58 $\frac{1}{4}$，并且在此处遇到了更多的大手笔卖出；接下来该股再次快速回调，然后第三次反弹到了58 $\frac{1}{4}$。很明显，该股将在穿越58～58 $\frac{1}{4}$这个水平时遇到阻力。第三次尝试之后，该股在这一天剩下的时间里被廉价卖出。之后突然出现价格56 $\frac{5}{8}$处的一笔1000股的交易难以解释，不过它很可能是早先在这一天的58这个水平卖出以及卖空的某一位交易者在买进这一数量的股票。

在这特定的一天之内，上涨顶部的成交量大于下跌期间的成交量，由此明显可以看出，可能需要耐心等待才能看到洛伊股份击穿58附近的明显阻力位。

图9中所显示的星期一的表现有助于随后的上涨。随着越来越多的股票在58这个水平被吸进，只要回调时成交量不放大，盘势解读者自然就会预期该股随后将会更容易穿越这个水平，因为届时股票卖出量将会减少。

洛伊股份11月18日星期二的表现

我不会对11月18日的表现进行详细的描述；但是，这一天的表现十分具有确定性意义，该股再次在上涨时表现活跃，当天以58的价格收盘，在前一天收盘价的基础上上涨

1.125美元（$1\frac{1}{8}$点）每股。

洛伊股份的突破

为了长话短说，我将简单叙述接下来几天的表现。19日和20日，该股放量上涨。截至21日，整体市场的上涨速度明显放慢，之前已经收复失地的洛伊股份也在靠近61～63这个水平时平静下来。正如你在图表（图6）上所注意到的一样，此时成交量萎缩了。我个人对这一不活跃表现的看法是，洛伊股份在仅仅8天之内从$52\frac{5}{8}$上涨到$62\frac{3}{8}$，这基本上已经是我们暂时所能期待的最好表现了。幸运的是，我碰巧选择了在22日星期六离场；这主要是因为，我从报价纸带上的表现判断出，所有努力上涨的进程都很艰难。24日，你将注意到下跌过程中成交量的放大（当日成交量为3.5万股），这证实了之前几天的需求并不旺盛的事实。

第九章 美国钢铁——市场龙头股

观察美国钢铁

有这样一种说法："市场随美国钢铁而动。"毫无疑问，美国钢铁是市场龙头股，是市场的领头羊。美国罐头、通用电气、西屋电气、美国电话电报，以及其他几只股票也被称为是市场龙头股。它们的确是市场龙头股，但是当这些股票全部都失去其市场领导力的时候，市场将随美国钢铁而动。我认为这一点在1930年10月持续出现股票套现的那一段时间内就得到了特别好的说明。当时美国罐头连续几天没有崩跌，它像一块石头一样坚持着。但是，美国钢铁却领导了市场下跌，或者至少是与市场同步下跌。我相信，如果当时美国钢铁承受住了卖压，市场也同样会停止其下跌趋势。

顺便说一下，当你听到有人闲谈美国钢铁、美国罐头和其他市场龙头股的"支撑单"时——当有人告诉你"它们将支撑市场"时——拿出你的铅笔，预估成交量，计算出"它们"要支撑市场需要几百万的成交量。当你听到"它们将促使美国钢铁迅速上涨10个点”这样的传闻时，以同样的思路进行思考。我并不是暗示美国钢铁从未获得支撑，也没有暗示强大的利益集团不会偶尔推升美国钢铁——因为它们的确会——但是只有当市场在技术层面上适合操纵时，它们才会这么做。在华尔街，没有任何利益集团强大到足以制止公众大规模的股票套现（这一点在1929年10月得到了证明）；当他们根据市场的强弱形态判断出将有成千上万股美国钢铁在上涨过程中一路被卖出时，他们没有足够的资金来促使美国钢铁迅速上涨10个点。闲坐在经纪公司里，满口说着关于“交易大户们”的故事非常容易，忘记他们所说的吧，如果你的任何一位消息提供者十分了解这些“交易大户”，知道交易大户们都在做什么，他就不会坐在经纪公司里与你我闲谈了。

回到美国钢铁上，无论什么时候，都要密切注意美国钢铁。要像注意你自己所持有的股票一样注意它的表现。如果你的选择是正确的，你所持有的股票很可能会随着市场一起反弹；它可能会跟随市场或是先于市场上涨；但是它不会违背趋势。如果它违背了趋势，你就要立即查看你的头寸，因为当大盘没有随美国钢铁而动时，很可能是许多股票正在美国钢铁的强势掩护下被卖出。美国钢铁是一个特别有用的指示器，因为它总是很活跃，每天都有数千股被交易；并且它从来不会疯狂地摆动，它的市场摆动空间通常都只有八分之几个点。

如果你持有一只不活跃的股票（我不推荐利用这种股票进行短期交易），这只股票一段时间以内一直没有交易，但与此同时美国钢铁却已经回调了两三个点，那么你最好获得你所持有的股票的“报价”（通过你的下单员从交易大厅获得买入价和卖出价），这将使你能够了解到你所持有的股票的“市场价”；否则，当你最终看到一笔价格与上一笔交易相差甚远的交易时，你可能会很失望。当然，如果美国钢铁正在上涨，而你又正在做多，你也就不需要感到不安了；但是，了解你所持有的股票的“报价”仍然会让你感到放松。

如果你打算时刻注意报价纸带，不错的做法是获得美国钢铁开盘不久之后的市场价，包括买入价和卖出价。由此你可以探测出是否有人在出价买进美国钢铁，或者是否有人在以低于买入价的价格卖出。让我来解释一下，假设美国钢铁10:05的市场买入价是 $149\frac{1}{4}$，市场卖出价是 149，如果你注意到 3000 股美国钢铁在价格 $149\frac{1}{4}$ 之后不久就出手了，你立即就会知道，某人已经“达到了买入价”，在美国钢铁的这一笔交易中，卖盘比买盘更加迫切。如果结果相反，这笔交易是在 $149\frac{3}{4}$ 这个价位达成的，你就会知道，某人正在出价买进该股，并且乐意支付比卖出价更高的价格。

当心佯动

你经常会见到先是一大批股票以低于买方出价（bid）的价格出手，然后又出现了一些规模更小的（买入）交易，其成交价迅速上涨到卖方报价（offered price）的上方。此时便要当心了，这可能是为了卖出另外一大批股票而抬高该股票价格的策略。卖方自然想要以尽可能高的价格卖出，因此如果可以的话，他会安排自己的行动，以便“卖得一个好价钱”。当然，相反，你也可能会注意到，在那一大批股票换手之后，美国钢铁出现了几笔买方出价低于之前成交价的买入。在这种情况下，如果该买方打算收集更多的美国钢铁，他就会尽力让美国钢铁看起来好像有大量的股票待售，以便他可以在价格不出现太大上涨的情况下买进另外一批股票。当然，这种策略也可能发生在其他任何一只股票上。

如果你不习惯一直坐在报价纸带旁边，你可以在自己恰巧在经纪人公司的时候，要求获得美国钢铁的市场价，然后以上述方式判断市场，几分钟之后再查看市场表现状况。

我用“卖方报价”（offered）这个词代替了更常使用的“买方出价与卖方要价”（bid and asked）中的“卖方要价”（asked），因为对我来说，“卖方报价”表示某人“主动想要卖出”股票，而不是你的出价达到了他的价格他才会卖出。换句话说，整个问题就是解决供需（supply and demand）状况的问题——或者说，解决主动卖出与买入需求（offerings and demand）的问题。分析买方打算买进的价位和卖方主动卖出的价位上的交易量将为你提供分析供需状况的线索。

很自然，你也可以用同样的方式来检查你所交易的股票（的供需状况）。我已经关注美国钢铁很长一段时间了，因为这只龙头股将使你了解整体市场的状况。当然，前提是你会注意该公司董事会的举动，看一看是否有什么重大事件，同时你也会询问你的经纪人，你没有注意的时候是否有什么异常事故发生。

顺便说一句，美国钢铁或许是报价牌上最令人满意的交易股票，因为它总是有一个活跃的市场。

美国钢铁 1930 年 8 月份的表现

图 10 和图 11 显示了美国钢铁 8 月 12 日和 13 日这两天的每一笔交易。这是 1930 年 8 月份的市场底部。

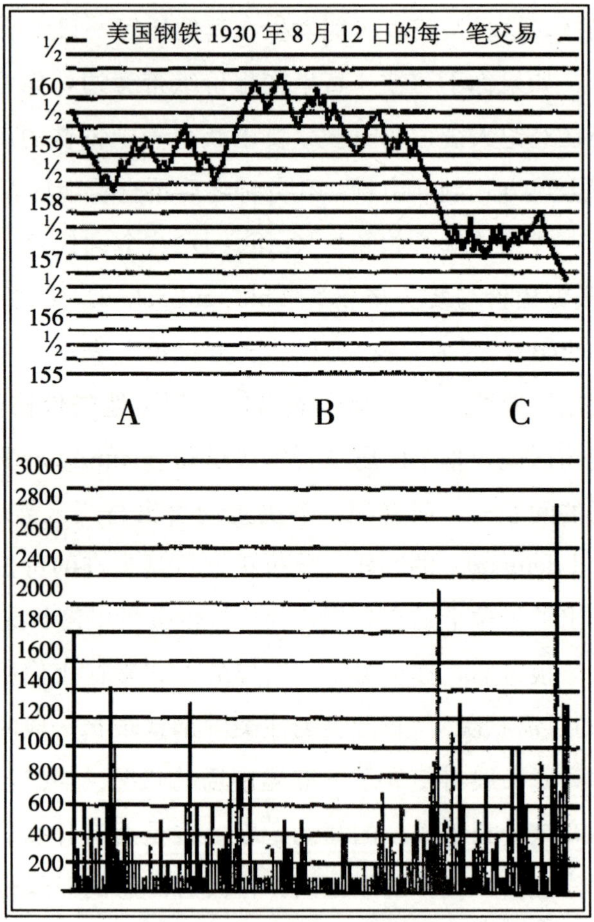

图 10

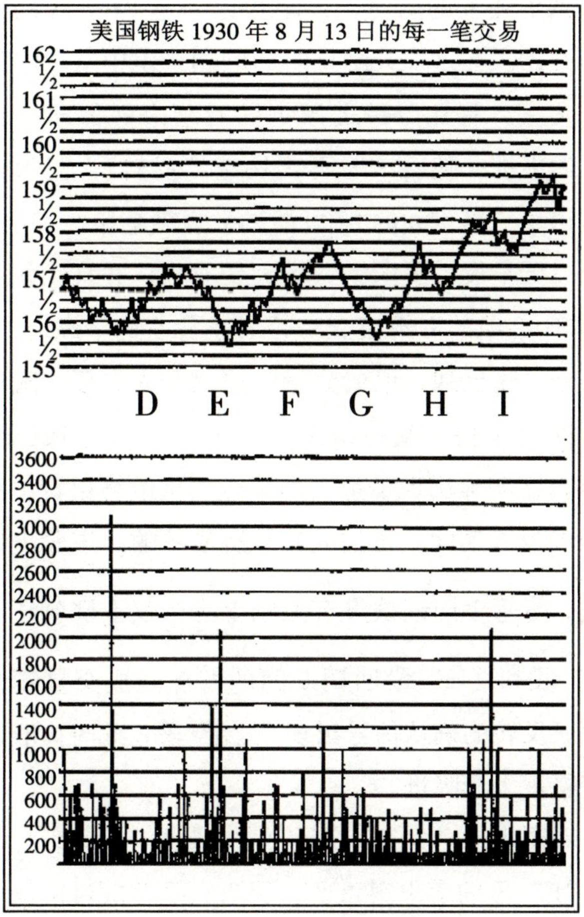

图 11

美国钢铁此时已经从 7 月 28 日的 170 开始下跌了 14 天。我已经用“A”至“I”的字母标出了 12 日和 13 日的重要表现。在“A”处你将注意到下跌时的成交量和各轮反弹时的呆滞。在“B”段，这一天的各顶部处出现了明显的呆滞，并且持续了几个小时。这一天快要结束时，另外一轮回调开始了，成交量也随之放大；然而，该股在价格 157 到 157 $\frac{1}{2}$

之间遇到了强大的阻力，该阻力以一笔 2100 股的大规模交易作为开始。在这一天结束时的剧烈斗争中（“C”段），成交量非常大，有几分钟美国钢铁看起来好像即将突破危险区，开始上涨。随后该股再次快速“反转”，但却就在收盘之前遭遇了一笔重大的 2700 股的大规模交易。

第二天早晨，美国钢铁被大量卖出，并且小幅下挫，直到一笔 3100 股的大规模交易暂时止住它的下跌。“D”段出现了另外一轮反弹，但成交量却再次令人失望。随后出现的连续不断地抛售一直持续到了“E”段，期间成交量放大。“E”段再次明显出现了重大的买进，这最终扭转了局势。在“F”段的反弹期间，正如成交量所显示的，该股出现了活跃的买进。尽管美国钢铁没有大幅上涨（仅上涨到了 157 $\frac{3}{4}$），但“G”段和“H”段回调期间的特点是成交量萎缩，而不是扩大。反转的确认信号出现在“I”段，此时该股以稳定上涨的价格被大量吸进。

查看图表你会发现，真正的支撑是在 13 日上午进入市场的。“E”段的卖出很重要，因为它是一次对市场潜在的买盘力量的测试。“G”段和“H”段几乎没有股票被主动卖出，交易者们将可以介入市场下单买进。当然，在这一时期，整体市场的表现相似。市场出现了超卖，但是没有出现五六月份和之前其他一些清洗日出现过的高潮，这是由于大量公众都已经在这之前全部卖出或是被迫离场了，因而此时公众卖出的数量较少。

关于本书中的例子的说明

我知道，一些读者对本书中的许多例子的反应会是："在市场行为已经发生之后再去查看关于市场行为的图表以及谈论各种信号十分简单，但是在某种行为正在发生时，预测即将发生什么就是另外一回事了。"此言不假，但是我相信，在我讲解这些例子的时候，读者将会意识到，各种原则的确会在实践中体现出来。我还有更进一步的建议要提供给那些想要练习预测，但又抽不出时间来观察报价纸带上每一笔交易的人。

我承认，只有通过实践我们才能获得"盘感"，这种盘感会在重大的市场行为发生时，向我们的头脑发送确切的信号。但是，我不明白的是，我们为什么要期待找到一种可以在股市上发挥作用的"体系"。毫无疑问，正是新手获利的可能才让我们有理由花费时间和精力去学习判读市场。如果存在着某种"体系"，那么就会有成百上千的人去研究其中的奥秘，这样该"体系"也就不会再发挥作用了，因为会有太多的人同时使用它。

供给与需求——这是你的指南。学会分辨供给与需求哪一个更大，你就会在交易中获利。但是，不要期待自己会始终判断正确。要限制可能由于你的判断失误造成的损失；当你判断正确时，则要让你的盈利奔跑起来。利用这种方法，你就不必用多次盈利来弥补几次损失。你将轻松认识到，一笔 100 股的交易 10～12 个点的盈利很容易就可以弥补几笔 2 个点的损失。

此外，永远不要过度交易，要至少维持 50％的保证金。

第十章 小道消息很危险

在报价纸带上检验你听到的小道消息

正如我们所知，依靠“熟人”和小道消息是最危险的事情。我们会不时地从我们盲目相信的某个人那里得到消息。我们应当根据这样的消息盲目地介入市场吗？我要断然地说“不”。但是，如果愿意的话，我们可以借助于报价纸带来核实这些消息。

让我来列举一个对我十分具有教育意义的例子。我绘制出了一些图表（图 12 至图 14）来说明这种小道消息的传播。

1930 年 9 月下旬，我的一个熟人从可靠的消息提供者那里收到消息，称某些利益集团正在以每股 63 美元左右的价格重仓买进电力照明公司（Electric Power and Light）的股票。（他说，）我不能透露进一步的详细信息，但是你一定要相信我所说的，我断言那些被报道正在买进的利益集团一定非常有实力。你将在日线图表（图 12）上注意到，在持续了几天的横向整理后，出现了吸筹的信号。没有人能够在这种紧要关头与准确的小道消息争论。但是，从报价纸带上来看，之后有证据表明，卖压正在变得极其沉重。成交量的表现发出了卖出信号，并且是迅速卖出的信号。正如你将看到的，我还来不及详细解释电力照明公司的表现，该股就已经立即开始陡直下跌了。之后，我的那位熟人得知，进入市场的抛盘实在是太大了，“利益集团”无法承受，因此已经被迫离场。在研究未来市场时，我们不要忘记这一点，千万不要低估了公众的力量。

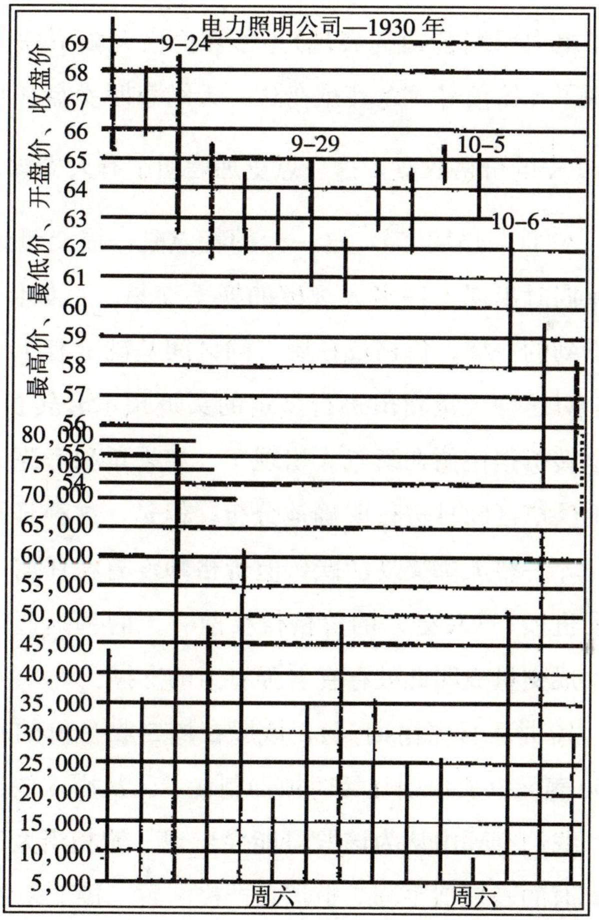

图 12

电力照明公司的表现

我相信你会对电力照明公司的表现产生兴趣的，因为它表明了我之前所提出的各项原则的准确性。接下来我仅讨论9月29日（星期一）到10月6日（星期一）这一周的表现。

29日，电力照明公司出现了大量的卖出，其中绝大部分发生在价格$60\frac{3}{4}$与63之间（图13以每半小时为一个周期再现了电力照明公司的表现）。尽管价格大幅下跌，该股仍然出现了支撑信号，尤其是在这一天结束时卖盘被吸进，该股以$61\frac{1}{4}$的价格收盘，这一点更加表明了有人支撑该股。

30日（星期二），这一天的特点是，成交量远大于前一天，同时出现了许多大规模的换手交易。正如你在图13中所看到的一样，价格仅在周一的区间基础上有了一点点的进展。对这种大量卖出进行坚定的买进预示着转折即将出现，而该转折很快便在第二天出现了。如果单独考虑，很难对这样的狭窄区间日进行明确地分析；但是，这种日子的重要特点是，一整天都交易活跃，但价格却没有在任何一个方向上有所进展。（A处）的价格仅在前一天的基础上稍微有所下跌，成交量表明此处存在着强有力的支撑。

10月1日（星期三），该股在周二收盘价的基础上高开1.50美元，卖单明显暂时被抑制住了。从周三的这一表现来看，我们有理由认为该股可能会出现一轮相当大的上涨，该股此时的表现似乎与小道消息严格一致。接下来的一天是10

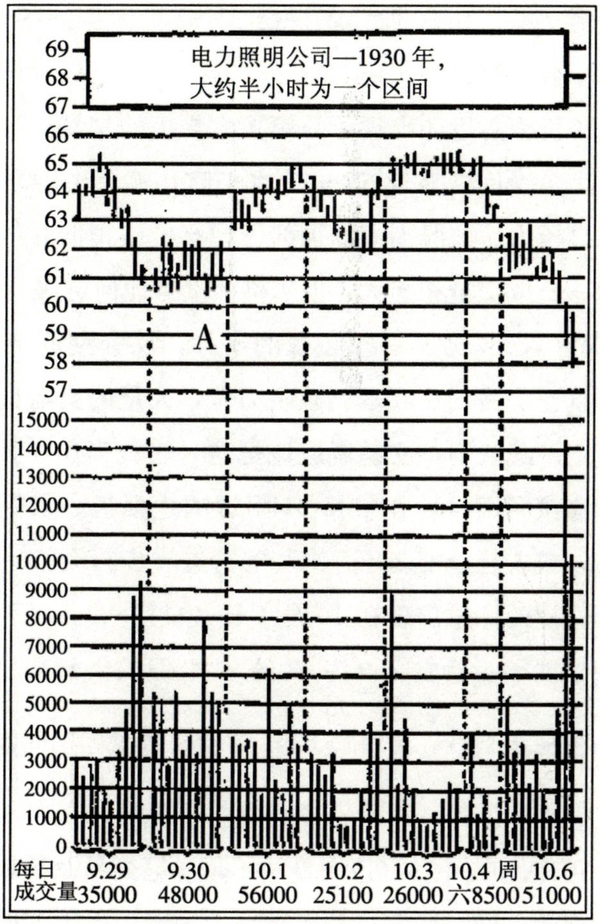

图 13

月 2 日（星期四），该股的表现稍微有些令人不安，因为尽管当天的总成交量下降到了 2.51 万股，但价格却大幅下滑。由于该股当天的收盘价远高于当天的最低价，我们本可以期待该股的价格会在接下来的一天有更好的表现。但是，非常明显的一点是，电力照明公司每次上涨到 65 这个水平时都会遭遇卖压。

星期五早上的开盘暗示出了悬于市场上的卖盘。当天的第一笔交易是 3700 股，是一份 23.9575 万美元的交易指令。随后不久又有另外一份 2200 股的指令以 65 的价格卖出，接下来该价格附近还出现了几笔更大规模的交易。这一天的特点是，每当价格靠近 65 这个水平时，就会出现来自于卖方的明显压力。该股当天的顶部表现与价格稍低时的顶部表现相似——成交量相当大，但价格上没有任何进展。10 月 3 日（星期五），出现了一些轻微的反弹，反弹期间成交量相当低，直至价格到达或是刺破阻力位，大量的卖盘出现在报价纸带上。我认为，交易者应该把这一表现当作一种警告，他至少应该利用设置在价格 64 附近的止损指令来保护自己的交易，或者是全部卖出，离场等待进一步的确切标志。

这样的标志出现在 10 月 4 日（星期六）。当天开盘后不久便出现了一笔成交价为 65 的 3100 股的大额交易，此后该股一直稳步下跌，最终以 63 $\frac{1}{2}$的价格收盘。期间偶尔出现反弹，但每次反弹一出现，成交量立即萎缩。

正如你在图 14（该图显示了每一笔交易及其成交量）中所看到的一样，星期一是灾难性的一天。由于该股在星期六的最低价基础上低开 0.50 美元，因此当天的买盘十分清淡，首笔成交仅 600 股。尽管前两个小时没有出现引人注目的大规模交易，但期间的卖盘持续不断（A 段）；期间的反弹则有气无力，价格不断下跌。12:00到下午1:30期间（B 段）出现了暴风雨来临之前的平静。从下午1:30之后开始的这段时间见证了一场崩跌，仅最后一个小时的成交量便与之前四个小时的总成交量一样大。除了成交量大幅减少的时候，这场下跌在整个过程中没有出现过明显的减弱趋势。价格伴随着大规模的交易不断下跌——这表明价格将继续沿着之前的方向运动。

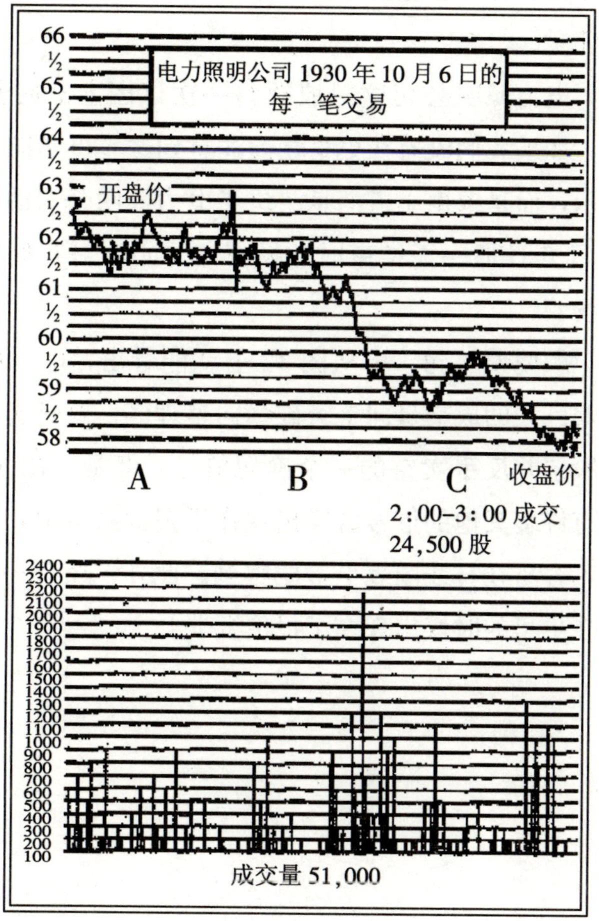

图 14

因此——任何消息要在报价纸带上进行确认

在这些图中，我们已经见过预示着转折点的成交量、表明阻力位的成交量，以及标志着价格将取得实质性进展的成交量。成交量是极有价值的，因为它强调了我们抛开自己的观点的必要性和重要性——除非我们的观点得到了市场行为的证实。

电力照明公司这只股票每一次试图上涨时都陷入了困境，如果我们没有在更早之前注意到这一事实向我们发出的暗示，而是根据小道消息买进了电力照明公司的股票，那么10 月 6 日那一天结束时的抛售潮势必会对我们说："赶快离场。"

顺便说一句，单从图 12 上就能看出，电力照明公司伴随着巨大的成交量向下突破横向整理区，就是卖出长期持有的股票并反手卖空的一个确切信号。但是，在这个例子中，还有许多其他的信号曾经出现在了报价纸带上，只是这些信号不容易在日线图表上被觉察到。此外，还有一些可靠的信号在更早的时候出现在了报价纸带上。

第十一章

关于成交量的几个要点

成交量的差异

我想知道在讨论“大成交量式卖出”时我是否讲清楚了。我曾不时强调5000股交易的重要性，但是在其他一些例子当中，我又讲述了规模仅为1000股交易的重要性。交易规模的重要性取决于股票整体的活跃度。换句话说，有些日子的股票交易要比其他一些日子活跃得多；今天的“大成交量式交易”可能会比昨天多得多。但是，我认为这不会给你带来任何麻烦，因为你很快就可以分辨出各种交易规模的相对重要性。

记住，规模为5000股的交易会被详细披露出来，因而会比简单披露的3000股或4000股的交易引起更多的关注。3000股或4000股的交易可能只会被披露为“成交价30.150或40.825”，具体视情况而定。就让跟随者们注意与激动地谈论详细披露的大规模成交吧，但你还是要注意成交量更小的交易，这样你就能够对5000股交易的重要性做出更加正确得多的判断，因为你将知道出现大规模的交易之前是否出现过其他一些重要的交易，以及大规模交易是否是一段时间的沉闷和呆滞之后闪现出的一个信号。此外还要记住，专业人士们很清楚 5000 股的交易会引起多大的关注，也正是由于这个原因，他们会利用 5000 股的交易来为那些不谨慎的交易者们设下圈套。

在一天当中，整体市场的成交量会每隔一段时间就被披露在报价纸带上，即在上午10:30，下午12:10、1:30和2:10进行披露。你可以根据这些成交量的数据来判断你所交易的股票与前几天相比是表现正常还是尤其活跃。你也可以大体上跟随市场，但是脑子里要注意市场是在下跌的过程中重新变得活跃还是已经平静下来，以及其他一些重要的特征。

转折点出现的时间和出现时的成交量也是千差万别的。毫无疑问，不可能存在任何固定类型的转折点。一般来说，转折点都是派发性的或是吸筹性的。我现在所谈论的是长期趋势内的转折点，尽管大周期内出现在顶部的转折点必定都是派发性的。因此，这种派发活动所耗费的时间，以及发生在派发点的成交量，都取决于即将被派发的股票量，而该派发量只能通过熟悉与仔细研究之前的表现来判断。

很明显，某一成交量对于资本总额小的股票来说或许很重要，但是对于拥有大量发行在外的普通股的股票来说，该成交量就微不足道了。例如，一笔 5000 股的交易对流通股仅为 18.5 万的奥本汽车的重要性和影响，与同样规模的交易对流通股为 4300 万的通用汽车的影响将大不相同。

这里还涉及到另外一个因素，即正在交易的人的数量。成千上万的交易者会在一轮剧烈的崩跌之后逃离市场，其他一些交易者则会开始厌恶市场，从而只是偶尔进行交易。此外还有很大一群人会变成非自愿的投资者。之后，活跃交易者的数量会逐步增加，这一事实可以从我们在经纪公司那里的买卖合约数了解到，也可以从一些读物中、数据中以及平均每日成交量的扩大中了解到。

在一轮熊市的最后几个阶段，我们会听到大量关于集合基金无法再吸引公众跟进的消息。重大的集合基金和辛迪加财团的目标是巨额盈利，他们不想在吸筹期间引起公众积极跟进，他们更希望公众在价格大幅走高时逐渐参与进去，积极地进入市场。

重要的或者说“优良的”买卖

你经常会阅读到这样的内容：“今日的报价纸带上明显出现了优良的买进。”我认为，这句话有时被财经记者们用得太随意了，因为这很可能是最难从解读报价纸带中就能正确得出的结论。我们有必要对“优良的买进”进行一个定义。我把它理解为重大利益集团的买进——可能是机构投资者的买进，也可能是某家银行集团的买进。

此外，集合基金的吸筹也可以被称为优良的或是重要的买进，因为集合基金买进的目的是持有等待一轮大的上涨。与这种优良的买进相反的是卖空利益集团在市场上所进行的买进，他们买进是为了回补之前的卖空。同样地，抢帽者们会对一两个点的盈利进行兑现，因而他们所进行的投机性买进也不能被称为优良的买进。

一般来说，优良的买进所吸进的股票不会在最初的反弹信号出现时就被抛入市场。当然，作为某只股票的保荐人银行集团有时会先用买单支撑他们的股票，然后等待市场反弹时卖出所有或是一部分股票。但是，既然已经对该股进行支撑，他们就不会第二天就卖出，因为这将破坏他们已经取得的成绩。

另一方面，重要的卖出由重要账户的股票套现组成。与此有所区别的，是来源于周转不灵的交易账户的保证金式卖出，以及公众由于恐惧所进行的保证金式卖出。

报价纸带上的标志将向报价纸带解读者表明，某次买进或卖出是否重要，但是这些标志很难辨认出来。寻找这些标志的重要时间是在一轮大幅回调或是大幅反弹之后。单凭成交量所告诉我们的不总是可靠的，因此我们必须还要观察价格行为。一轮下跌或是回调之后出现的空头回补和投机性买进会比投资性买进引起更加快速的价格行为；反弹可能由支撑性买进、投资性买进、空头回补或是这三者的共同作用所引起；转折点处的价格行为已经在之前的举例中详细讨论过。转折点之后，价格运动的幅度和特点会表明反弹是由什么样的买进引起的。一轮极其快速的反弹表明空头正在回补，或是有人正在为了急速转折而买进，或者经常是两者皆有。与急剧上升和价格大幅变动相反的是交易连续不断的更加缓慢的上涨，这样的上涨表明了这是一轮更加优良的买进。

在最初的反弹之后，如果出现次级回调的话，要注意该回调期间价格变动和成交量的特点。进一步上涨之前出现的稳定期间，你或许可以发现不时出现的重要的大规模买进。一般而言，出现这样的情况很正常，除非这种情况的出现表明市场明显正在被大量卖出期间大幅反弹；毫无疑问，此时你就应该知道，这主要是空头正在回补，不会持续太长时间，不要在这种突然性的反弹处逗留过久（如果你已经卖空，则不要在快速回调期间逗留过久）；这样的反弹或是回调通常都会戛然而止。

与股票套现形成对比的保证金式卖出有着相似的特点，这样的卖出速度更快，价格会在卖出期间快速下跌。股票套现比保证金式卖出更加持久，也更加广泛。保证金式卖出通常都会更加快速地对那些以保证金形式被持有的龙头股产生影响。

反弹期间出现的疯狂价格运动表明了股票供给贫乏。那些有股票待卖的交易者们在看到反弹开始时，自然会修改自己的卖出价；一些卖单被撤回，买方被迫更加激烈地竞买股票。由于投资性买家以及其他一些希望逐步吸进股票的群体所进行的买进规模会按比例缩小，因此他们抬高价格的速度会很缓慢。所以，当他们静静地以更加有利的价格建仓时，他们的交易指令或许会在回调时被注意到。

此外最好还要记住，当有大量的公众参与到市场中时，我们必须更加快速地捕捉反弹和回调。

撤销买单

与卖单被撤回一样，买单也经常被从市场上撤回。当市场行为表明你或许能够以 86 的价格买进某只股票时，你就不会允许你的价格为 88 $\frac{1}{2}$ 的买单继续留在市场上。

这又引出了另外一个需要仔细注意的点。大规模的买进指令或卖出指令经常是由专业人士们挂出的，有人对此到处宣扬并且将其传送到经纪人公司，其唯一目的就是愚弄公众。1930 年 10 月，当美国钢铁的价格为 151 美元或 152 美元时，广泛流传该股在价格 150 美元上存在着 5 万股的交易指令。然而，当美国钢铁跌破 150 美元时，却只有几百股的交易量。我不知道是否真的曾有买进指令要买进大量的股票；但即使有，也被撤回了。

1930 年 10 月，新泽西标准石油也发生过类似的事件。你应该记得，1929 年，洛克菲勒家族被普遍认为打算以 50 美元每股的价格买进 100 万股新泽西标准石油。一年之后，当该股再次下跌到 51 美元左右时，有报道说 50 美元附近总共有 15 万股的买进指令。但是，该股却在买单远远不到 15 万股的情况下跌破了 50 美元。大概一个月之后，该股再次轻而易举地跌破了 50 美元。

偶尔出现这样的买单是有利的，但多次出现就是有害的了。此外还要记住，下跌时期的支撑只是暂时的，为了支撑而买进的股票最终还是会回到市场上。

还有一种（愚弄公众的）手段是经纪人的大声喊价。例如，“惠特尼正在买进美国钢铁”“米汉正在买进美国无线电”或是“丹佛斯正在卖出某某股票”。我们要记住，在崩跌期间，除非惠特尼先生希望让人知道他在买进美国钢铁，以便对该股进行支撑，否则没有一个大的场内交易员或是大作手会允许有人通报他的操作，除非该通报行为对他的操作有利。而他为什么会希望有人通报他的操作呢？我们不要忘记，当某个大作手公开卖出某只股票，并且还体贴入微地把他的卖出情况告诉我们的时候，他其实或许正在通过其他几个经纪人买进更多的股票。

最近有人告诉我，杰西·利弗莫尔没有固定的经纪人账户，他只是偶尔来到某家经纪公司，下达买入指令或是卖出指令。前一天他或许会在棕榈滩分公司卖出某只股票的5000股，第二天上午又在迈阿密买进。但是，报价纸带会记录下他的交易指令的，这就要靠我们自己去猜测他实际上是打算买进还是卖出了。

要考虑实际的金钱数，而不是点数。我已经在这部分之前的内容中提到过这一点的价值。我充分地相信这一点的价值，因为我知道，它可以清楚地说明可能被反映在报价纸带上的事件。下一次当你在观察你所持有的某只股票时，要注意其成交量，同时要在成交记录在你面前滚动时，快速地把各笔交易换算成成交金额。我相信，如果这么做，你将对成交量的表现有着更清晰的认识。

第十二章

新闻报道对市场行为的影响

大家都很推崇根据好消息卖出。这一点的问题在于，我们很难区分“好消息”和真正的好消息。在集合基金操作某只股票期间，将会有大量关于该股的新闻报道出现在各大报纸和道琼斯自动报价机上。我已经在第一部分阐述过股票推销的这一主题。此时我们关注的是，我们要如何知道我们何时所阅读到的新闻是我们一直在等待的信号，以及报价纸带将因这一新闻指示出什么?

此时我们的可靠指南——成交量——将会再次为我们提供帮助。要观察你所交易的股票的成交量，要根据市场行为仔细观察你的股票对你所看到的所有新闻是如何反应的。此外，你还必须确定你是在根据中期趋势还是短期趋势进行交易。与短期趋势相比，中期趋势自然需要更加重大的新闻才能到达顶点。这个重大新闻可能是内部人士早就知道即将宣布的给股东的一次股票分红，或者是一次慷慨的额外支付。在这个大的事件发生之前，会一直流传一些较小的新闻。例如，被透露给报社的一些关于利润增长和大订单的信息，以及公司总裁发表的一些乐观的声明。

要仔细观察显示在报价纸带上的行为，看一看股票的活跃度是否明显增加。当一则你确信是重大事件的新闻发布时，要赶快检查这之前的股票行为；要判断该股之前是否一直在放量上涨。你或许还可以确定这则新闻是否就是某集合基金一直借以操作的依据，报价纸带将向你表明这一点。报价纸带无法隐藏真相。如果集合基金想要派发股票，它就必须诱使公众跟进；而如果股票的活跃性不增加，就无法诱使公众跟进。价格上涨、巨大的成交量、大量精明的宣传，以及大的事件，总有一种是你可以用来进行分析的（我建议你再去看一看第一部分对派发步骤的完整描述）。我们仅通过集合基金所能操作的股票数量，就能探测出它的计划即将成功还是失败（许多集合基金都会操作失败）。要时刻谨记，如果它想要获利，就必须卖出它所买进的股票。你我可以自行决定是否要探知它是不是成功的操作者。

此外，总体市场的表现一定会是正确的。没有一个集合基金可以在一个技术性弱势的市场上派发股票并且获利，它们也不会试图这样做。因此，要分析市场和你所持有的个股，同时还要利用报价纸带来判断新闻报道所产生的影响。但是，当你决定卖出的时候，就要立即卖出，不要等待不必要的确认信息。如果等待这样的信息，你将失去大量的盈利。如果你还不确定形势，也要卖出，让其他人去尝试顶部卖出。

新闻报道是被贴现的。这就是为什么一只股票的表现通常都会与我们所预期的相反。例如，某家公司可能会在其股票下跌了很长一段时间之后宣布分红，之后该股便不会再进一步下跌，而是稳定下来，然后开始上涨。毫无疑问，那些能够了解该公司的实际收入状况的人在该消息宣布之前几周甚至是几个月就一直在大量卖出。全国性事件、商业升温、世界状况——这些全部都会被精明的投资者们、银行家们和大作手们提前判断出来。他们知道公众将如何反应，他们明白，买进的时机就在公众根据坏消息卖出的时候，卖出的时机就在公众根据好消息买进的时候。

突发性事件不能被贴现。我在本书105页谈到了1929年储备委员会发布的警告信息。战争，公众领导人遇刺，出乎意料的选举结果，突发性的灾难，这些就是其中一些不会被贴现到市场上的突发性事件。

当有这种情况发生时，要停下来想一想大多数人会怎么做；此外还要估计突发事件的严重程度以及其影响范围；然后决定你自己的行动方案，要谨慎，行动要出人意料。如果你无法做出决定，就什么也不要做，而是观察报价纸带，它将告诉你其他买卖人员的观点。股票的抛售意味着公众在卖出；持续的卖压是精明人士正在卖出的一个信号。跟随精明人士卖出，在注意到精明人士们正在大量买进时提交你自己的买进指令。

第十三章
阻力位

阻力位和支撑位

在股票的所有运动当中，不管是向上运动还是向下运动，都会反复出现阻力位。阻力位出现的原因有很多；同样，其影响也各不相同。

某只股票某一天在 52 这个价位遇到阻力，一周之后可能又会在 56 这个价位遇到阻力，我们很难确定这具体是为什么。但是，如果我们统计出成千上万——在极其活跃的牛市当中或许会是数百万——对市场积极感兴趣的人，加上集合基金、专业人士和银行家们，我们就可以列举出大量如下一些影响因素：

买方

包括：

当天哪些人在买进。

哪些人在回补空头头寸。

哪些人在买进时所设置的止损指令将被触及。

哪些人提交了价格更低的买进指令。

哪些人提交了价格更高的买进指令。

哪些人先是一路向下卖出，之后又想买进。

哪些人先是一路向上卖出，之后又想买进。

卖方

包括：

哪些人在卖出做多的股票。

哪些人在卖空。

哪些人在卖出时所设置的止损指令将被触及。

哪些人提交了价格更高的卖出指令。

哪些人先是一路向上买进，之后又想卖出。

哪些人先是一路向下买进，之后又想卖出

在这众多的交易指令中，关于在什么位置买进，什么位置卖出，交易者们的决定千差万别。交易者们的观点暂时达到平衡——此时供需将达到平衡——的价位也数不胜数。这样的阻力很可能只会持续几分钟，直到卖方的数量超过买方的数量（这里的数量指的是交易指令的数量，而不是交易者人数）。我们可以说，随着股价的下跌，需求会增加，会出现更强的阻力。相反，随着股票的上涨，会有越来越多的卖方主动卖出股票。我们在第八章所举的关于洛伊股份的例子当中，58 这个价位上就连续几天出现了相当大的阻力，之后在 57 到 63 这个更大的区间内又出现了更加强大得多的阻力。

关于阻力会出现在什么位置，我们无法给出一个确切的标准。你必须依靠市场行为——成交量的表现——来指示出阻力位。许多情况下，阻力位都会被建立在前一轮运动高低点之间的 50%位置。换句话说，如果一只股票先是从 40 反弹到了60，之后开始回调，那么它可能会停在50左右。尽管我从未能够十分确定这种情况为什么会如此频繁地出现，但我猜想这只是在买卖双方之间发生作用的平均律法则的问题。不过，这个50%阻力位法则经常失效，因此我们认为这条法则不可靠。我们还可以采用的一种方法是，观察成交量在50%这个位置的表现。如果成交量在价格靠近这个位置的时候萎缩，或者如果这个位置的成交量很大，但股票却未能突破，那么这个位置就是一个可靠的阻力位。

在55页的洛伊股份的日线图表上，在价格58和58附近的位置上有大量的股票卖出；当天，买盘好几次把该股推升到了这个位置，结果却遭遇了更大的卖盘。此外，当该股回到56～57这个价位时，又明显存在着对卖压的阻力，或者我应该说这个位置缺乏卖压。这种情况很快就会偃旗息鼓，并且只对抢帽的日内交易者有吸引力。尽管如此，这些规则在更加重要的阻力位处仍然适用。

没有任何阻力位是绝对可靠的。一些股票上涨10个点之后只会回调3个点，其他一些股票则会回落一半。当然，在市场行为的背后，你还可以分析买卖双方的行为；在有集合基金操作的情况下，你还可以分析集合基金正在进行的操作。没有一个集合基金经理每一次都会用完全一样的方法去操作一只股票；他也不会允许他所操作的股票在一成不变的运动中自动地反弹和回调。如果他这么做，那么你我要了解该股的特点就太容易了，我们就只需要闭上眼睛不劳而获了。

但是，每一位作手都会有某些行为模式，除非他特别精明，否则这些模式都会存在并且反复出现——这一点极其重要。他很可能会一次又一次地运用同样一些策略。如果我们能够通过研究他所操作的股票，足够清楚地了解他的操作方式，我们就有可能更加精确地探测到各种各样的阻力位。当他正在吸筹时，他会努力使他的操作不那么引人注意；相反，当他正在卖出时，他会设法诱导我们买进。针对虚假操作的股票交易规则十分严格，因此不会有许多作手尝试缺乏职业道德的行为。对于较活跃的股票来说，集合基金所使用的所有策略都将显示在报价纸带上。毫无疑问，一个集合基金经理或许可以买进或是卖出一大批股票，但是如果他想要促使公众跟进，就必须使该股活跃起来。

如果你愿意保存你感兴趣的股票和若干市场龙头股的图表——这些图表显示了这些股票每日的高低点区间，然后研究这些股票在报价纸带上的表现，你将一定能够确定阻力位。但是，这些阻力位会不时地有所变化，永远不要机械地依靠这些阻力位。记住，正在买卖股票的是人，不是机器。要根据你的图表，估计出所有你想要确定的阻力位。但是，要注意成交量是何时进入市场考验你的阻力位的。日线图表上的成交量指标会有所帮助，但这些指标不会向你显示出在一天的区间内，成交量是在什么位置出现的，以及如何出现的。

横向整理区，即一些股票已经多次在此徘徊一段时间的区域。当某只股票再次靠近这个区域时，该区域通常都会阻碍该股票的运动。在熊市当中，存在着许多这样的横向整理区，它们在下跌过程中扮演着暂时停顿区的角色。当趋势反转时，它们又变成上涨的阻力位。然而，这里还要记住一点，阻力位会因为时间间隔而失去其阻力作用。例如，7 月份形成的一个横向整理区在 6 个月之后就不会特别有效了。

支撑位是那些支撑单进入市场时的价位，它们经常会是之前的回调遇到支撑时的价位。但是，支撑位与上一个支撑位的时间间隔越长，越不可靠。它们可以用识别阻力位的方法来识别。成交量是表明支撑位的重要性指标。如果无论成交量大小，一只股票都能跌穿某个支撑位 5 个点，那么该支撑位肯定不可靠。当支撑位抵挡住了某次冲击时，它的顽强防御力才算是得到了证实；如果它在维持了很长一段时间之后被跌穿，那么与它在第一次猛击时就让步相比，此时出现的暴跌可能更加严重。

你很容易就能明白这是为什么。当你打算支撑一只股票时，如果你认为自己有足够的资金来对抗你估计在当时的价位进入市场的卖压，你就会尝试支撑该股。但是，如果该股的卖出增加，你必将离场观望，决定在价格进一步下跌时再入市进行支撑。这就是 74 页所例举的发生在电力照明公司身上的情况。与此同时，如果你错误判断了股票的卖盘，已经把大部分的资金用在了未成功的支撑上，那么你将不会有资金再次支撑该股，直到该股的卖出基本结束。

我们如何才能推测出以上所说的各种情况呢？除了观战，我们如何才能了解当前的形势呢？在现代陆军战术中，为了完成某一项任务，要提前做好所有的战略部署和侦察。他们会利用各种各样的战略和侦察来获知一个非常重要的因素——即敌军的实力——的相关信息。例如，在股市投机当中，某位作手可能会通过卖出一大批股票来测试对手的实力。如果这批股票轻松地被吸收了，他就会转变自己的立场，反手做多。查明敌军的实力之后，将军还必须知道是否有足够多的军队支持他（在投机当中，即为买方力量），帮他达成目标——一支军队的实力由支持他的军队决定。削弱了敌军的抵抗力之后，将军便会利用奇袭部队来实现其目标。

金融战略不也是如此吗？报价纸带就是你的侦察员，它会打印出被派出来作战的士兵数量。如果敌人源源不断地输送军队来进行攻击，那么他最终会突破防线。他不考虑人员伤亡的行为（在我们的讨论中即不考虑资金的耗费）或许会导致他之后的战略有很大的变化，但是我们所关注的不仅是眼前的战斗，还有未来的战斗。一位金融领域的将军也会像战争时期的将军一样，有前进，有撤退，会派出侦察员，会探测敌人的防线，会修建虚假的战壕，也会精明而娴熟地进行战略部署。

要运用图表，利用你所能想到的所有辅助手段。但是，要记住，你的图表记录的只是投资人过去的行为，你的图表描绘的是金融战略的结果。

我想要再列举一个与军队相关的例子，前线存在着许多在无知者看来与正在进行的战斗几乎毫无关系的小规模战斗，但是将军会根据自己的观点计划出这样的小规模战斗，是因为他了解这些小规模战斗将对之后的更大规模的作战计划产生什么样的影响。因此，对于报价纸带上那些很难被人注意到的波动来说，当它们伴随着某些成交量方面的信号时，它们就可能预示着重大的运动即将发生。

我认为，我们在 58 页所讨论的洛伊股份在 11 月 15 日星期六上午 2300 股的交易，就是预示着更大规模的买进即将出现。当时这笔交易立刻就引起了我的注意，如我所料，随着价格的上涨，该股的确很快变得活跃起来。我当时确信这笔交易十分重要，我不知道这笔交易是否预示着之前明显在进行紧迫的股票套现进入了最后的“扫尾工作”，但是我知道，由于这笔交易在该股保持安静而沉闷的时候出现，因此它一定是一个信号。结果证明，这是精明人士在买进。

前一天晚上撤退，第二天早上突袭，这种情况在市场中与在战斗中一样常见。同样，交易者也可能会在交易活跃的前一天收盘时，通过巧妙的资金安排，来引诱敌人进入第二天早上的战斗。

我详细地阐述这种交易策略，是因为这种策略非常重要，再怎么强调也不为过。

由于我个人不会为了 1 美元或是 5 美分的盈利买进卖出，因此我不会太关注较小的阻力位，除非它们可能代表着一次小规模战斗是一次大规模战斗的组成部分。

正如我之前所提到过的，在跟踪洛伊股份股票的每日交易期间，我持有了一些该股。我对该股的表现很感兴趣，甚至对较小的点位变化也感兴趣，因为该股曾在几天之前突然逆转趋势。尽管我认为它很快就会恢复其上升进程，但是我希望在那个关键时期仔细地观察它的运动和表现。如果它当时发出了将继续保持疲软状态的信号，我将毫不犹豫地立即卖出，接受损失。

老的高低点

有些时候老的高低点会是阻力位，但它们很多时候都不是。一个老的低点本身毫无意义。如果市场行为表明了那个位置即将出现阻力，固然很好，它一定会给你所想要的答案，这本身就是市场行为。1930 年秋季，许多人都认为 1929 年 11 月建立的低点会成为整体市场进一步下跌的一个阻力位。就我看来，当时市场在跌破那些一年前的低点时，（下跌趋势）并没有明显的变化。（下跌趋势）为什么会没有变化呢？1930 年期间，各方面环境、人们的财富状况和心理反应必定都经历了巨大的变化，我们没有理由假设以前的价位会建立起任何实际的阻力。此外，在这一年当中，市场同样也发生了巨大的变化。尽管还有一些板块的价位仍远高于各自在 1929 年的价位，但是构成整体市场平均指数的许多板块很久以前就下跌到了各自在 1929 年的价位以下。整体状况在各方面都不同了，因此不能进行比较。

最近的高低点——即你正在研究的市场行为出现之前不久才被记录下来的高低点——或许具有一定的重要性。我说“或许”是因为它们已经多次未能指示出阻力，因此我不认为它们很重要，除非它们是你在报价纸带上进行观察之后判断出的点位。

我认为，在被股票本身的表现证实之前，所有所谓的阻力位和支撑位都是不安全的。如果的确有我们所听说过的理论曾经始终有效，它们也不可能长期有效，因为过多的交易者很快就会依据这些理论行事，最终导致这些理论的有效性遭到破坏。阻力是一种暂时的力量均衡。如果我们所有人都根据某个已知的阻力位进行操作，那么当股票到达这个预期的点位时，将不会再有任何的阻力，因为为了利用这个阻力位，我们所有人都会在这个阻力位到来之前让我们的交易指令得以执行。

第十四章

对投机交易的一些建议

在解读报价纸带时做一个悲观者

在解读报价纸带时，我们必须做一个悲观者。我并不是说我们应该是悲观主义者，因为我们必须始终思维开阔，不要有先入为主的观点。一个顽固不化的多头投资者和空头投资者都不能指望交易成功。长期投资者永远只能是多头投资者，如果他持股不放的时间足够长，最终结果很可能会很好。但是，交易者应该是悲观者。在相信任何事情之前要先怀疑一切，要意识到你正在玩的是世界上最冷酷、最激烈的游戏。

在股票交易中，几乎所有的事情都是公平的。整体思路就是用计谋打败其他交易者。这是一个与那些跟公众对玩的大型交易者一起玩的棋牌游戏。他们会设计出许多的佯动来得到我们的皇牌。作手们处于有利地位，因为公众通常都是错误的。同时他们又处于不利地位，因为他们必须提供资金，他们要冒险把自己的财富押在自己对形势的判断之上。

另一方面，我们作为小额交易者，则必须学会在内部人士吸筹并推升他们的股票时跟随操作；同时，我们也必须在他们离场时迅速离场。除非我们愿意学习和实践——以及接受损失，否则我们就不能指望获得成功。

不过，你将在本书的第三部分中发现大量关于接受损失、限制损失和让盈利奔跑的内容，因此我就不在这里讲述这些内容了。

我建议，我们要成为不动感情的悲观者，除了市场行为告诉我们的信息，不相信任何东西。如果我们能够判断出股票的供求状况，我们就不需要知道其他任何信息。

如果你打算卖出手中所持有的某只股票 1 万股，你将会运用策略，制造出佯动，散播出信息，并且表现出像是要买进而不是卖出的样子。难道你不会吗？我们要换位思考。想一想如果你处在其他人的位置，你会怎么做。如果你正打算买进，停下来想一想，如果你的行为与你的真实想法相反，那么你的这种做法是不是再聪明不过了。要记住，公众通常都是错误的。

用纸笔进行记录

如果你想要直观地“看到”市场表现的进展，我建议你用纸笔进行记录。我们很多人都会发现自己很难集中精神。但是我知道，我曾经常因为没有集中精神而错过某只股票的重要表现。试试用纸笔记录下某只股票的每一笔交易，把各笔交易及其成交量写成一行，例如 $3-57\frac{1}{2}$（表示以 57.50

美元的价格交易 300 股）。当有一系列的交易出现时，要把它们写成相关联的交易，以便你之后可以对这些交易进行分析。要详细记载较大规模的交易，要思考这些成交量大的交易会产生什么样的结果；要注意它们是在什么位置出现的。

这种习惯将对一个人的洞察力产生什么样的影响值得我们注意。我发现，这种习惯不仅大大提高了我的观察力，而且更加重要的是，不知怎么的，它还让我对市场行为有了一个整体性的把握，这是我没有这种习惯的时候所不具备的。此外，我确信，在没有大量练习这样做的情况下，极少有人能够准确记得行情当中的成交量出现在什么位置。

如果你无法抽出时间来坐在报价纸带边上用纸笔进行记录，你可以与你的经纪人商量，要求获得纽约股票交易所的每日股票交易报告。纽约市的弗朗西斯·埃默里·惠誉公司会发布每个交易日的股票交易报告，每一笔交易都会被刊登出来，包括交易数量和交易价格。你可以根据这些表格绘制出包括了每一笔交易的图表，研究哪些地方的成交量放大，哪些地方的成交量萎缩，以及随后出现的市场表现。

练习根据这些图表来预测未来的运动，然后检查自己之前的判断是否正确，这是我所知道的最好的训练方式。当你出现失误的时候，回头看一看你所记录的前几天的市场表现，看一看（你所认为的）信号是否并不存在，只是你误认为它们是某种信号。我们很容易就会低估某些非常重要的市场行为的价值，因此类似这样的方法很有必要。我已经发现这种方法能够极好的训练我，因此我坚持使用。

独自交易

这一建议或许是我所能给出的最重要的建议：独自交易。不要听取他人的意见；不要理会外界的影响。要忽视各种报道、谣言和经纪人行情室内无意义的闲聊。如果你打算积极活跃地交易，并且打算运用你自己的判断，那么看在上帝的份上，一定要成败都由自己的观点决定。如果你想要跟随其他人进行操作，这也没有问题；假如这样的话，就不要掺杂你自己的观点。你所跟随的人必须能够完全按照他所认为的最好的选择行事。当你根据自己的计划进行交易的时候，你也必须这样做。

你或许可以在某只股票的表现中看到其他人没有注意到的东西。如果你正在根据你已经研究过但他人却从未观察过的某个事件做决定，那么他人怎么可能帮助你呢？你会发现，成百上千的人都准备好了为你提供免费的建议；如果你挑起你的眉毛或是朝他们的方向看过去，他们就会在你没有要求的情况下为你提供建议。要做一个沉默寡言的人，一个令人讨厌的悲观者。

当被问及时，不要当众发表你自己的意见，也不要主动请求别人给你意见。如果你养成了发表意见的习惯，你就是在主动加入到立即的争论当中去。你可能会说服自己放弃本来正确的决定；你将对自己的判断犹豫不决，因为你会害怕给出一个或许最终会被证明错误的意见。很快你就会变得举棋不定，除非能够做出决定，否则你将无法在交易中获利。此外，你将无法分析报价纸带上的表现，同时还会去听一大堆人讨论经纪人贷款的影响、小麦市场、印度的白银价格，以及甲和乙看涨。

沉闷的市场容易让交易者感到迷惑，这无疑是因为当市场不活跃的时候，我们很难把注意力集中到报价纸带上。如果报价纸带让你感到无聊，就不要去理会它；出去玩一玩巴棋戏（译注：一种以贝壳为骰子的四人游戏）——做任何事情都可以，就是不要加入到经纪人行情室内无聊、无知的闲聊当中去。

要像我所建议的那样，用纸笔进行记录。这将占据你的头脑，让你集中精力。试一试，你将无法在记录交易的同时和他人闲聊。

我在此所写的似乎很尖刻，但是我曾经有过以上所述的经历，并且成为了最大的受害者之一。卖弄我的观点是很有趣，但这也会增加我的账户上红色笔记的数量，我很清楚这一点。当我加入到经纪人行情室内的谈话当中时，别说会扰乱我自己的思路了，最坏的结果可能会是我不知不觉地伤害了其他人。

不要观察每一只股票

正如我在前面的内容中强烈要求你观察美国钢铁一样，现在我又要恳求你不要试图去观察过多的股票，这是无法做到的。如果你打算用自己的头脑准确记录成交量和供求状况，你就必须集中精力。除了美国钢铁之外，不要试图再观察 3 只以上的股票，而且一定不要观察 5 只以上的股票。许多成功的交易者都只操作一只股票，但是他们很了解那一只股票。

为了成功交易，我们必须彻底地了解我们所交易的股票，我们必须了解它们的特征，必须确定它们的阻力位和所谓的支撑位。我们必须注意重大的交易，注意在一天的区间内，成交量出现在什么位置。

除非我们有着不同寻常的头脑，否则我们不可能记住以及记录3～5只以上的股票的表现。

结合报价纸带使用图表和数据统计

对图表感兴趣的人如此之多，因此我认为应该对图表进行一些介绍。比如，日线图表、周线图表和月线图表等各种类型的图表。一些交易者甚至把每小时的表现都制作成了图表。

尽管我曾建议，为了报价纸带研究，我们应当绘制出记录了每一笔交易的图表，以便锻炼我们的洞察力，但日线图表很可能已经是最令人满意的。绘制出任何数量的记录每一笔交易的图表都会很困难，因为绘制这样的图表要花费大量的时间。

日线图表清晰地展示了活跃股目前的状况和之前的表现。图表的主要价值在于，它们能够让人更加容易地判断趋势。此外，图表还会向我们表明许多其他的迹象，在结合报价纸带查看这些迹象的时候，这些迹象对于交易者来说是极具价值的。但是，许多交易者却机械地利用这些迹象，他们似乎没有意识到图表不过是股票买卖双方的综合意见。如果我们得知了人类潜在的动机，同时意识到根本不存在一定可以成功的体系供我们利用，那么图表就会变得毫无价值。

最近市场上出现了一本新书《股票市场理论与实务》，夏巴克在该书中讨论了图表的各种形态以及其说明性价值。我要向你推荐这本书，因为作者对图表以及图表的运用进行了详细而清晰的说明，同时运用了大量各种各样的运动实例来帮助说明。

我曾听交易者们宣称，他们不需要图表，因为对于那些他们感兴趣的股票过去的表现，他们已经在脑子里绘制出了一幅画。我严重怀疑人类是否可能在自己的头脑中准确地记住某一只股票过去的表现，以及与过去的表现形成对比的现在的状况，更别说 50 只或是 100 只股票的表现了。

毫无疑问，对统计学的运用和对投资基本面的了解被认为是参与市场时必不可少的。关于投资经济学的好书已经非常多，因此我如果再试图在此阐述这个领域就显得太自以为是了。当然，我强烈建议交易者在中期趋势中同时使用这两方面的知识。但是，我怀疑日内投机者是否能够运用统计学。毫无疑问，一家公司的财务统计状况和整体商业的统计状况几乎都与股价的小型波动没有关系。

但是，中期趋势经常受到公司季度收益的影响（记住，这会在他们发布收益之前被贴现）和整体商业状况的影响。我们在判断和预测股价趋势的时候，货币市场、借贷形势、商品市场，以及其他相关的商业因素和产业因素，全部都应该受到重视。

不过，此时我们可以再次借助于报价纸带来寻求结果。市场反映了所有这些基本面的因素，并且贴现了整体（经济）状况的改善或是倒退。同样地，单一公司的状况也被提前反映在了其股票的市场表现当中。

统计资料反映的是过去的状况；我们必须永远记住这一点。上一个季度的收益在被公布时与我们正在解读的市场表现几乎没有关系。它们在我们估算现在的收益和市场正在贴现的未来收益时有一定的价值。永远不要根据过去的状况买进和卖出，除非你是为了贴现已经被发布的好消息而卖出，或者是在不确定性因素和表现差劲的报表的影响都已经被消除时买进。

在熊市当中，价格的确会因为坏消息而下跌，因为好消息而反弹。由于 1930 年已经成为过去，我认为，如果我们在此详细讨论的是如何与熊市抗争，而不是讨论我已经详细阐述过的我们必须观察成交量，跟随趋势交易，那么我们几乎将没有收获。在熊市当中，当市场不再因为坏消息而下跌时，进行投资是安全的，这是一种公认的理论。

研究报价纸带的人会发现，最初很难将反映在报价纸带上的各种因素全部联系起来，但是随着他的知识和研究的拓宽，他将了解到关键的一点——贴现。成交量的表现将向他表明所有买卖人员的狂热程度或是悲观程度。

与公众背道而行

何时与公众背道而行，这是一个很难回答的问题。我认为可以肯定地说，在重大的转折点处，公众通常都是错误的——也就是说，绝大多数人都是错误的。正如我在本书 39 页所陈述过的，1930 年 11 月，我曾运用这个理论来探测当时的长期下跌的临时性底部。当时公众想在这个底部处卖空，理由是市场已经下跌了相当长一段时间，因此投资人最终认为卖空是唯一的获利方法。然而，当每个人都想买进时，或者是每个人都想卖出时，要当心！

在干扰性运动期间，我们更难确定采用什么样的路线是最好的——是按照我们的习惯性做法来操作，还是背其道而行。例如，在市场已经反弹了一段时间之后，当回调开始，保证金账户开始卖出的时候，买进就是不明智的。首先我们必须确定回调的幅度；我们必须确定我们的买进时机，以便可以在抛售潮看起来已经结束的时候买进。反之，我们应该依据标志着转折点出现的成交量放大和价格变得活跃这一信号，先于公众卖出，然后在第一批表明公众正在卖出的信号出现时立即反向操作。

我想知道我是否已经表述清楚了，或许再多举一些例子可以帮助我们厘清这一点。我认为这一点非常重要，因为我知道我曾经偶尔盲目地与我最初的意愿背道而行，结果事后才明白我当初应该跟随自己最初的想法，先在一段时间内与公众保持一致，然后在战略性的时刻与他们背道而行。

你还记得 1929 年的几次突如其来的崩跌吗？当时出现了由联邦储备委员会发布的警告信息引发的多次崩跌。委员会将其通知保留到闭市之后才发布，在这种情况下，应该采用的明智路线应该是先停下来问一问自己：“普通老百姓们第二天早上会怎么做？他们会在开盘的时候卖出吗？”然后，我们的行动必须多少与公众的行为相反。

在我所回想起的几个实例中，股票先是在早上开盘的时候大幅度地下跌，但是等到卖出被吸收，股票便立即再次开始上涨。当时大量的卖盘被轻松吸收，重大的买进出现，需求超过了供给，这些就是确认性的信号，依据这样的信号买进就是有利可图的行为。这些信号当时都出现了。股票在没有继续下跌的情况下出现了活跃频繁的交易。

在长期运动期间——即使是在重要的中型运动期间——你可以放心地与公众背道而行并且获利。你先要选择好行动的时机，以便在买进的时候可以领先于公众——也就是说，在有人吸筹的时候买进，这样才能出现最理想的结果——然后你就可以在上涨的主要部分与绝大多数人保持一致，之后在有确切的信号表明公众的参与度增加，但股票的运动却没有取得相应的进展时，与公众分道扬镳。公众参与最多的是在靠近顶部以及处于顶部的位置，因为正如我们所了解到的，正在上涨的价格会吸引一批追随者。

趋势交易

一般来说，有三种趋势，即长期趋势、中期趋势和即时趋势，或者说短期趋势。保守的交易者会在中期趋势的范围内进行操作，这样的趋势持续 2 周到 6 个月不等。我们可以认为中期趋势一定可以盈利，而小型运动则有一定的风险性，因为在这样的运动中，为了买进、卖出，你必须非常快速地行动。在一轮中型运动中，一轮 50 个点的回调都必定不值得我们为之努力。但是，这样的回调在报价纸带上看起来却可能会很有吸引力。

这里的风险性在于，我们的结论通常都不是可以即刻形成的，即在短期趋势中，等到我们被回调所吸引并且决定卖出的时候，回调已经结束了。然而，中期趋势却让我们有时间能够深思熟虑，这种运动的有利可图的部分是中间部位。在一轮涨落不定的市场中，要在市场表现证实了接下来的趋势的时候再买进，同时还要提早卖出（译注：即在市场还未到达顶部的时候卖出）。在一轮单向的牛市当中，当一轮重大的趋势上涨之后，出现了一两天的成交量放大，并且价格也迅速回落的时候，我们就应当卖出了，让其他交易者去捕捉顶部和底部吧。

如果你打算利用中型运动进行交易，要注意，连续不断地观察报价纸带才会使你不犯错。报价纸带上所显示的小型运动可能会扰乱你的计划。在我看来，如果你打算捕捉小型的波动，你就必须一直守在报价纸带旁边，这是毫无疑问的。但是，我认为，如果你打算捕捉中期趋势，你最好只是偶尔研究报价纸带，以及查看你的头寸状况。你打算捕捉的运动越大，短期波动就变得越不重要。

但是，毫无疑问，偶尔查看报价纸带是明智的，这可以让你了解重大的变化和成交量的扩大。要么会让你证实自己的判断，维持原有的头寸，要么会促使你质疑自己的头寸。如果你注意到了某些看起来不太符合你自己的预期的情形，你自然会想要更加仔细地研究市场的表现。如果你的确发现了自己不太喜欢的市场表现，不要希望市场最终会按照你的意愿来表现。要观察、分析、研究！如果你认为出现了什么意料之外的状况，要立即卖出。你随时都可以再次买进，但是你却无法拿回已经被一轮突然出现的、意料之外的回调蚕食掉的盈利。当然，你可以等待之后的盈利，你也可以接受一小部分损失，然后再次重新开始。但是，没有什么比获得完整的盈利更加令人心满足的了。

记住，你是在交易，永远不要因为看见某只股票在你已经卖出之后又上涨了 10 个点而动摇。要再尝试核实你的判断，或许是你之前没有发现正确的信号，没有关系，市场明天还会开盘。记住，最终为你带来盈利的是你提交交易指令的时机，而不是你所支付的价格。

要跟随趋势进行交易，不要对抗趋势。这是一个基本原则，因此我们几乎不需要对此进行讨论。但是，我曾见过许多交易者在交易的时候“对抗”趋势。当你确定了自己所交易的股票的趋势（以及整体市场的趋势，因为交易一只与市场反向而动的股票很少能够获得收益）是朝哪个方向时，就要发出交易指令。但是，一旦你认为趋势已经逆转，就要立即卖出。某些人遭受了成百上千笔损失就是因为他们希望趋势还没有逆转。

资本总额与浮动筹码

与资本总额小的股票相比，资本总额大的股票有着更多的浮动筹码掌握在经纪人和交易者的手中。理想的交易股票应该是这样一只股票：它有着大量的浮动筹码；不断地被买卖；频繁地被显示在报价纸带上。一只股票的浮动筹码越多，该股票的趋势异常反转的可能性越小。与让一只仅有 10 万股浮动筹码的股票运动起来相比，让一只拥有 300 万股浮动筹码的股票运动起来自然需要多得多的买盘。疯狂摆动且神秘的股票通常都是那些资本总额小的股票。那些会在一天之内垂直上涨或是下跌 10～20 个点的股票是很危险的交易品种。但是，如果你站在正确的一方，这些股票又是极其有利可图的；当你认为趋势向上的时候，它们又是十分具有吸引力的适合买进并持有的股票。

我的理论是，买进资本总额小的股票（的浮动筹码），并且紧紧持有以等待重大的运动。这样的股票摆动幅度很大，因此我们很难捕捉到它们那些模棱两可的运动。此外，如果你错误判断了买进时机，它们还经常会破坏你的食欲，让你损失宝贵的睡眠。

因此，我建议你在这种疯狂运动的股票中寻求异常的情形，伺机买进，同时你把更加活跃的交易限制在那些更加稳定、交易期间不会迅速涨跌几个点的股票上。例如，美国钢铁在交易期间就很少运动 1/8 个点以上，但是它也会出现极其有利可图的运动。当然，有许多股票都是很好的交易品种，选择两三只活跃的、交易期间很稳定的并且很受公众欢迎的股票。

自然，你首先需要确定股票是否具有基本的稳定性。如果股票的前景是光明的，它们一定会获得强大的银行利益集团的支持和强大的集合基金的操纵——对于能够解读报价纸带上市场表现的交易者来说，这两股力量就是一个胜利的组合。

耐性是一种市场美德

作为最后的建议，我可以在此恳请你们要有市场耐性，如果我们所有人都只在趋势已经被明确指示出来的时候才进行交易，然后耐心等待市场行为表明市场运动很可能在什么时候结束，那么我们的盈利将会大得多！依据重大的中期趋势在一年之内进行 6～12 次成功的交易所获得的盈利，要远远大于在小型波动期间进行无数次尝试所获得的盈利——在小型波动中一定会接连不断地出现大量的亏损，而盈利却会很小。

第十五章

美国钢铁在一轮正常的牛市行情期间的涨跌

以下对美国钢铁的一轮四个月的行情进行了讨论，该讨论论述了本书中所概述的几个报价纸带解读原则的运用，它将作为我献给读者朋友们的总结性概述。

为了便于说明，我认为 1929 年 12 月 23 日至 1930 年 4 月 15 日期间的行情展示的就是一轮普通的牛市行情。的确，这轮行情不像 1928 年和 1929 年期间的某些上涨一样轰动。但是，这场巨大的牛市行情的后半部分却异常剧烈，我们将许多年都不可能再目睹这样的行情了。

我已经在图 15 和图 16 中重现了美国钢铁在 1929 年 12 月 26 日到次年 5 月 6 日期间的每日行情。遗憾的是，由于占用的篇幅太大，我们不可能以图表的形式来展示每日区间范围内的每一笔交易。不过，关于成交量的一些重要原则已经清晰地展示在了图中。展示这一轮完整的行情是为了在一个例子中展示不同类型的成交量的表现。

为了便于说明，也为了我们的视线能够更加容易地从下面的成交量指示器移到上面的最高价—最低价——收盘价图表，我把图表划分成了“A”到“H”等不同的区域。

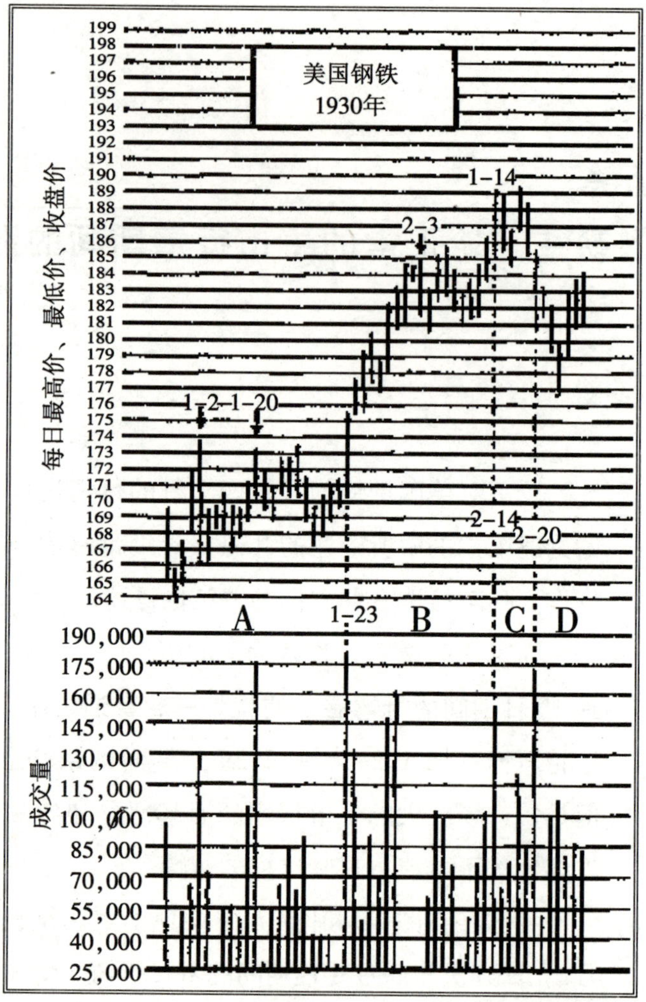

图 15

美国钢铁自 12 月 10 日的价格 189 开始相当快速地下跌，而区域“A”由该下跌之后出现的横向整理区或者说吸筹区所组成。在这个区域内，该股尝试放量上涨，结果却在刚刚高于 173 的位置遇到阻力——这样的情形出现了两次，分别在 1 月 2 日和 1 月 10 日。在成交量清淡的几天来回波动之

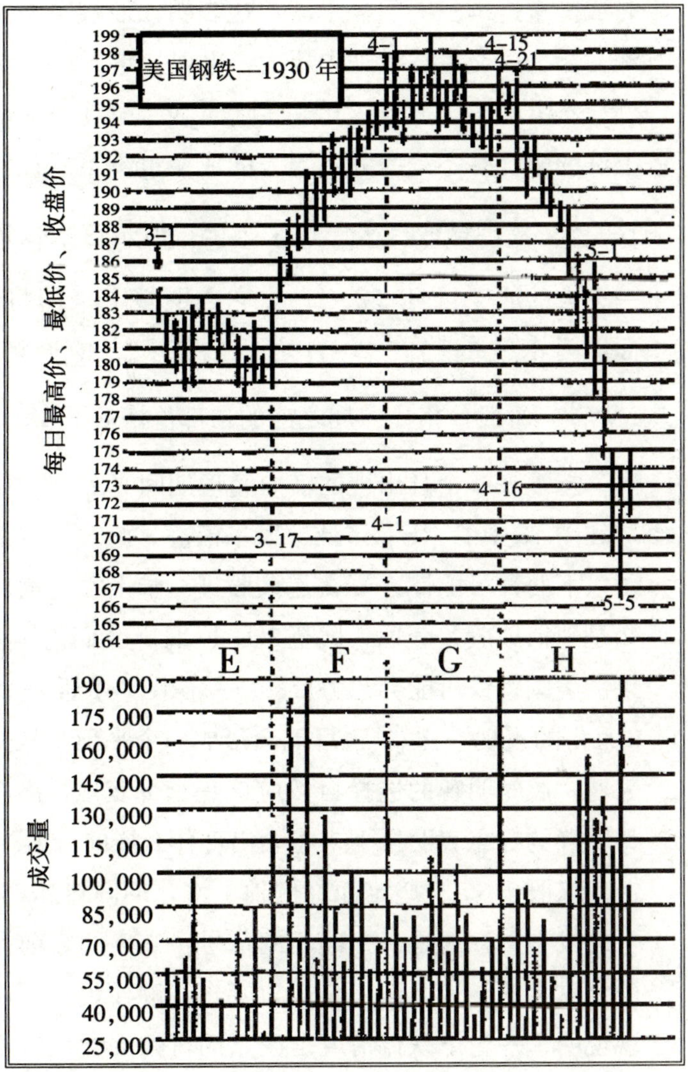

图 16

后，美国钢铁突破了阻力，于 1 月 23 日以 175 的价格收盘。当成交量创下了一个多月以来的最高纪录时，这轮运动就出现了成交量方面的信号。

截至 2 月 1 日，该股已经准备好上涨（区域“B”）。当时成交量连续三天明显干涸，这表明该股接下来要么恢复上涨，要么成交量在下跌中放大，出现一轮下跌行情。

2 月 14 日（区域“C”）目睹了又一轮上涨。然而，这次上涨的幅度并不是太大，当天的成交量不足以促使该股突破 $189\frac{1}{4}$。美国钢铁再次停在了顶部，但是这次很快就出现了一个大的成交量日（20 日），它表明接下来即将开始回调，而美国钢铁的确在 20 日之后的三天之内便触及了低点 $176\frac{3}{4}$，每股价格比一周之前的顶部价格低了 12.75 美元。

接下来一个月出现的横向整理期间（图 15 中的“D”区域和图 16 中的“E”区域）风平浪静，此时的活跃程度表明了以下两种可能性：要么是该股进一步上涨之前的吸筹，要么是悄悄地股票套现。截至 3 月 17 日，我们仍然无法判定结果。美国钢铁可能会趋势反转（就像图 2 中所展示的 1930 年 9 月份的表现一样），也可能会形成一个平顶。从交易的角度来看，此时明智的选择自然应该是全部卖出，离场观望，等待明确的标志表明接下来将会出现什么样的行情。

该股于 17 日坚定而稳健地上涨，期间伴随着 12 万股以上的成交量，这是一个确切的信号，它表明之前一直在发生的是重大的买进，而不是股票套现。顺便说一下，当时的表现说明了一轮下跌行情或是疲惫的行情突然反转之前一般会出现什么样的情形。

3 月 17 日之后的表现（“F”区域）很有意思。如果你愿意每天都跟踪该股的表现，你会发现，该股在快速上涨的日子里成交量攀升，在小幅回调的日子里成交量急剧减少。

要预测出 4 月份的顶部（区域“G”）并不是很困难。当时出现了三个不同的信号，其中一个信号出现在 4 月 12 日，当时美国钢铁在前一天创下新高之后突然行情逆转。事实上，我们应该从 4 月 1 日的报价纸带上就能发现这一迹象，因为当天的顶部位置出现了巨大的成交量，但价格却没有取得进一步的上涨。在那之后，该股变得疲惫不堪，并且无法在普通成交量的压力下挣扎着走得更高。

4 月 16 日，美国钢铁一度看起来像是要和 3 月 17 日有相同的表现，在之前 8 天的下跌趋势之后创出新高。然而，形势很快便显而易见，这一次一直在进行派发；在连续不断的极其沉重的卖压之下，该股持续下跌，最终收盘于当天区间的底部。接下来的一天，买卖双方都在等待时机，尽管从报价纸带上来看，回调期间的成交量要大于反弹期间的成交量。21 日（星期一），当天的表现显而易见，尽管当天的成交量没有达到 10 万股，但卖方一整天都在卖出。

正如你看到的，在接下来的部分（区域“H”），伴随着巨大的成交量，下跌走向了高潮。截至 5 月 5 日之前的每一天，成交量方面的信号都表明价格走得更低。不过，5 月 5 日，我们收到了“卖出结束”的标志。当天的成交量相当大，超过了 19 万股。但是，在猛跌到一个新的低点之后，在一轮极其活跃的交易之后，买盘战胜了卖盘，对美国钢铁的积极买进很快进入市场，促使当天以高于前一天下午的收盘价 1.50 美元每股的价格收盘。这样，这一春季周期就结束了。

与我在此概述的美国钢铁的表现相比，本书中所阐述的报价纸带解读法则，对投资者更加精确地研究美国钢铁行情有意义。但是，我简短的回顾阐明了这样的观点，即成交量经常会在没有其他信息可以向你表明接下来的行情走向时向你发出信号。

第三部分

市场哲学

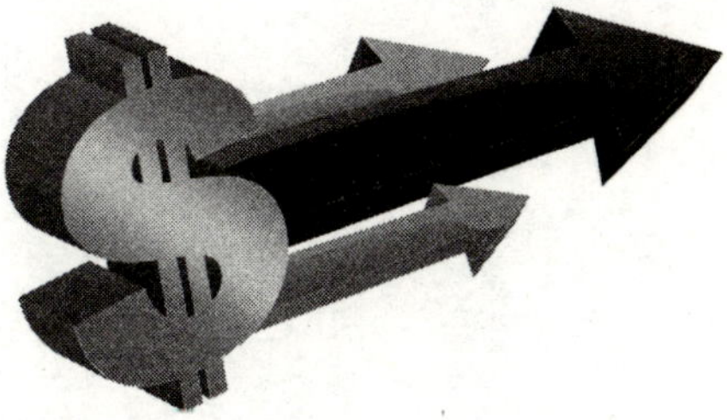

第十六章

第三部分的前言

最大的阻碍是我们自己

即使已经知道解读市场的错综复杂之处，我们仍然还要走很长的一段路才能期待成功，而最大的难题在于我们自己。我们或许已经就股票的某些运动得出了合理的结论，我们的解读或许完全正确。但是，我们可能还是会赔钱。为什么呢？因为我们绝大多数人都无法让自己的行动与观点一致。一旦涉及到自己的金钱，我们就会允许自己的希望、恐惧、急躁和虚荣来影响我们的判断。

交易成功最大的阻碍因素就是，当意识到自己已经对市场行为判断失误时，我们当中许多人都不愿意心甘情愿地快速接受损失。我们会对自己说："那只股票的表现不对；我相信它会下跌的。嗯，我还是再持有一小段时间吧；我估计它稍后会上涨的。"我们内心深知它的走势将对我们不利，但我们的个人情感却阻止我们采取行动。

市场哲学

过去的几年，我写作了大量关于典型的交易错误的财经文章和社论。以下几页就收集了一些这种“关于金融市场中的人性的随想”，以及对其他一些股市常见因素的见解。

而除了复制 1930 年大萧条期间一个自称为“市场悲观者”的人写给我的十大准则以外，我想不出更好的方法来介绍股市交易哲学。

导致在华尔街赔钱的十种行为

——市场悲观者

在经过许多个小时的苦思冥想之后，我为股票交易者们编写出了一份可靠的指南——导致在华尔街赔钱的十种行为。我不会设法解释这些法则，也不会设法证明这些法则是有效的，因为我知道我的读者们一定会遵循这些法则，不会理会来自于任何来源的任何相反的意见。

(1) 相信经纪人行情室内的小道传闻。

(2) 相信你所听到的一切，尤其是小道消息。

(3) 如果你不知道——猜测。

(4) 跟随大众进行操作。

(5) 没有耐心。

(6) 贪婪地持股不放，想要获得顶部的 1/8 个点。

(7) 薄利交易。

（8）无论对错，都固执己见。

（9）从不离场观望。

（10）接受小盈利、大损失。

第十七章
关于人性和投机

依据更长期的趋势进行交易

普通交易者很难很好地控制自己的情绪和脾气，尤其是人性的缺点，因此与为了小额盈利而设法买进、卖出相比，如果依据股票更长期的价格运动进行交易，他获得成功的几率要大得多。

要为了从更大的中期趋势中获利而交易，并且要限制你的损失。如果有什么（成功）的秘诀的话，这就是。这样你的生活将多一些快乐，少一些烦恼。你将获得市场自信，你的行动也将与你自己的决定相一致，你也会抑制住你天生的不耐烦，不再盲目而快速地买进、卖出。

最后，现在就要下定决心，永远也不要过度交易，要始终维持至少 50%的保证金。

市场自信

我在经纪公司内外闲逛的时候，被那些闲坐在行情室内的交易者们脸上的表情触动了。当市场正对他们不利时，他们当中有如此多的人脸上挂满了恐惧、焦虑和疑惑；当有了账面盈利时，他们脸上又挂满了贪婪、欲望和表面的快乐。

成功的股票投机交易必须包括判断、常识和市场洞察力；而股票赌博则不过是根据股票报价进行猜测。

一位投机者或许会在一段时间之后获得市场自信，但股票赌博者永远也不会。

在经过深思熟虑和简要的分析之后，当我们确信某只股票的市场行为反映出精明人士正在吸筹时，我们就可以得出结论：该股的价值被低估了。于是，我们买进该股，此时我们在精神上应该是放松的。当然，我们还是应该留意可能会出现信号，表明我们之前的判断是错误的；但是，如果我们已经冷静地考虑了所有可知的因素，我们就没有理由缺乏自信或是为结果而担忧。

然而，如果我们只是闲逛到某家经纪公司，询问我们遇到的第一个人："今天早上有什么情况表明即将出现逆转吗?"然后便根据他给出的消息进行赌博，那么我们一定会因为担心结果而坐立不安，过度紧张。

简而言之，市场自信是对某次投机交易的结果感到十分自信的结果，而这次投机交易是你在十分冷静的情况下，经过了深思熟虑，谨慎介入的。如果最终竟然没有如计划中一样获利，我们就必须接受小额损失。这样我们也不会感到沮丧，因为我们应该认识到，我们已经在这个问题上运用了自己最好的判断。我们应该意识到，我们不可能正确判断出每一次市场介入。市场自信的产生是源于判断，而不是猜测；源于稳健保守，而不是轻率的冒险；源于愿意在买卖双方之间的力量对比不清晰时离场观望，而不是不计任何代价地狂热而急切地行动。

不存在“立场”这样的东西

在我看来，一个交易者谈论在某只股票上“丧失立场”是不符合逻辑的。一个只对长期趋势感兴趣的投资者考虑自己的立场或许是合乎情理的，但对交易者来说就不是如此了。

我想你会同意这样一种说法，即交易中的盈利来源于介入市场的准确时机，而不是你所支付的价格。在交易的时候，如果你判断出自己买进之后可以卖出获利，那么你为股票所支付的价格便不会有丝毫的影响。

我曾听说某些交易者屡次为自己决定继续持有已经让他们遭受损失的股票而找理由，因为他们宣称自己不敢冒险丧失自己的立场。我断然回复他们，他们当时是处在赔钱的立场。他们已经因为自己所处的立场而赔钱了，那么为什么还要继续顽固地坚持自己的立场呢？

最近我获得了一次宝贵的机会，可以查看某个交易者账户上 1929 年 9 月至 1930 年 9 月期间的所有交易记录。总的来说，这个交易者运气不错，但这不是他的交易记录所表明的最有趣的一点。让我觉得有意思的是他的损失状况和结果。在他遭受了损失的148次交易当中，如果他能够在第一次出现表明他的交易结果将不会如其所愿的标志时就立即止损，那么其中有110次所遭受的损失都不会那么大。我经过分析发现，几乎在每一个例子中，遭受巨大的损失都是因为他认为如果他坚持立场，最终结果就会很好。换句话说，当一笔头寸开始遭受损失的时候，它只有1/4的可能性会最终出现好的结果。

我知道以上所述是在熊市年份期间，因此一些读者会站出来告诉我，在牛市当中，如果我们持股不放的时间足够长，我们就不会遭受任何损失。虽说理论很好，但是行不通。查看交易记录就会知道，当小额损失扩大时，普通交易者极可能会恐慌卖出。问一问你的经纪人，他会告诉你成千上万个强制其全部卖出的客户的情况，这些客户坚持自己的立场，直到管理保证金的职员礼貌但坚决地将他们逐出市场。

我唯一不想丧失的立场是在某只向我表明即将盈利的股票中的立场。此时我会设法紧紧地持股不放，直到我的判断告诉我最好变现自己的账面盈利。

被反映在市场上的新闻

什么样的新闻和报道被公众吸收了，最终反映在了市场行情上？

首先普通的报纸和杂志的读者记不住他所读到的内容。他早晚都会浏览这些报纸，但是哪怕你询问他当天发生的特别重大的事件，他最多也只能向你讲述一个被歪曲、被篡改了的事实。

对财经新闻以及财经杂志的读者们来说也是如此。

记住我们想要记住的，掩饰那些尽管可能更加重要，但报道出来却对我们所关注的问题不利的事实，这似乎是一种人性的特点。我的意思是，假设我们持有 50 股某家连锁店的股票，早报刊登出一篇概括了该连锁店状况的文章，如果文章中的分析是客观的（可悲的是，这种情况很少），那么它将同时呈现出对我们有利的和不利的事实。

我们只有保持警惕，只有练习集中精力（这几乎已经是一种失传的艺术了，不是吗?），我们的赌注才是安全的——我们只会吸收这篇文章当中支持我们之前买进股票时所使用的判断部分，我们极有可能会对作者不利的评论不感兴趣。为什么呢？因为我们持有这只股票，我们不希望有人告诉我们，我们买进该股的时候判断失误。

心理学家告诉我们，一种观点必须要被不断重复才能让全体公众记住。

同样地，一般的投资者宁愿别人告诉他某些信息，也不愿意自己从某一篇文章当中挖掘信息。

因此，在被不断重复之前，极少有新闻报道能够长时间地影响股价。例如，经纪人贷款只在一周之内对股价预测有影响；交易者会依据经纪人贷款将对市场产生的影响来进行投机交易。不要漏掉这一点——经纪人贷款将产生的影响。换句话说，已经发布的新闻缺乏价值，因为真正聪明的见解在事实被发布之前已经被提出了。

我认为，不时从自动报价机上反映出来的新闻要比杂志和报纸上的文章更有影响力。有时，一则新闻重大到足以立即对市场产生影响，联邦储备委员会 1929 年发布的公告就是例子。当这种突然性的公告出现时，要小心行事。不过，这样的公告通常只会产生短期的影响，不会持续产生影响。委员会 1929 年 8 月份发布的警告就表明了这一点。警告发布之后的一个小时之内，股票就出现了最低价，而在之后的一两周之内，股价又创下了新高。

新闻机构一定知道，轻率的公众会在不经过考虑的情况下，依据他们所发布的重大新闻行事。在我看来，新闻机构不应该只是习惯性地发布重大新闻，他们还应对他们的读者负有更大的责任。我要严厉批评那些利用自己的新闻机构和宣传人员，在不考虑必定会随之发生严重后果的情况下利用公众观点的公众人物。

如果我了解到我为了炫耀自己的才智所发布的某些言论或声明导致成千上万人遭受了成千上万美元的损失，我将彻夜难眠，因为我明明知道他们将不假思索地根据我的言论行事。

毫无疑问，和市场本身相关的新闻——不管是利好还是利空的信号——是最有影响力的市场因素。这其中存在着风险，市场是它自己最好的宣传者，我会设法指出你要如何避免某些由此造成的陷阱。

市场是它自己最好的宣传者

前面我谈到了市场新闻本身——不管是利好的还是利空的信号——无疑是市场中最有影响力的因素。我之前讨论了不同类型的新闻和报道，它们被公众吸收，结果被反映在了市场行情当中。

伴随着巨大成交量的活跃上升的市场会吸引公众买进。随着价格的上涨，公众的参与会增加。这看起来或许很奇怪，但是股价飙升得越快，公众对股票越饥渴。

正在下跌的市场中也是一样。随着市场活跃度的增加，会有越来越多的卖盘进入市场；会有越来越多的交易者把股票投进股票套现的漩涡中。这就是群体心理，人性反映出了它想跟风的欲望。受过教育的市场操作者和集合基金经理知道，普通投资者都喜欢在价格上涨的时候入市，因此他们会在自己的操作中利用这一强有力的工具。

你或许看见过股票这样的图表——在一轮陡直的上涨之后，描绘股票的每日表现的曲线形成了一个锯齿的形态。图中先是出现了一轮持续了两三天的陡直下跌，随后出现的一轮冲刺进入到了更高区域。接下来股票开始回调，然后再次反弹，但这次反弹可能不会到达前一轮上涨所到达的高价位。这种形态看起来可能会像三个锥形体，中间的锥形高于两边的锥形（译注：即我们常说的三重顶形态）。

为什么会出现这样的形态呢？首先是内部人士，或是那些之前以更低价格买进了成千上万股的交易者——也可能是集合基金操作者——认为该股的价格已经合理贴现了未来前景，因此决定卖出。该股之前的上涨，尤其是在后期阶段的快速上涨，吸引了公众跟进。但是，有成千上万股的股票待售——即等待派发——当沉重的卖压出现时，价格便开始崩跌。接下来，为了不让公众担忧，作手们必须停止卖出，甚至可能还要买进更多的股票。于是，价格再次开始向上运动，并且通常都会创出新高，然后会有更多的股票被卖出。

这样的过程会持续，但是说来也奇怪，从第三个高点开始下跌之后，股票经常会大幅下跌，并且通常都会在再次变得活跃之前长时间地保持安静。在这之后，集合基金可能会再次积累更多的股票，然后股票会经历与之前相同的过程。这就是我们所说的“吸筹和派发”。当股票在顶部附近和顶部被派发时，我们称这是“从强手转移到弱手，因此其技术形态会变得极其弱势”。

某只市场龙头股的一轮显著运动经常会促使一大批股票变得更加活跃。财经作家经常会这样写道：“今日市场在某某股票的带领下上涨。”

由以上可知，当你发现股价已经稳步上涨了一些日子的时候，采取观望形势是较明智的做法。一般来说，正如我们在第二部分针对于顶部表现所举的例子中看到的一样，快速的表现都表明一轮运动走到了尽头。

时间因素

“时间因素”可以应用于股价运动当中。你明白活跃股的价格结构指的是什么吗？现在想象有 1 万个人，他们要么已经持有某只特定的股票，要么即将持有这只股票。在已经持有这只股票的人当中，其中一些人已经向经纪人提交卖出指令，设定了卖出价；其他一些人则已经提交了止损指令，止损价设置在了各个低于现行市价的几点几分的位置。

而那些打算以某个价位买进该股的人当中，其中一些人已经提交了低于市价的买进指令，一些人则提交了高于市价的买进指令（因为对于后者来说，如果一只股票突破了某个特定的区间，它就变成了一只更值得购买的股票）。

由此，我们就明白市场当中充满了买进指令和卖出指令。

现在我们来看一看一轮快速的上涨之后会出现什么样的状况。此时除非该股回调到之前的水平，否则低于市价的买进指令就变得几乎没有价值。如果该股向上冲刺，它就没有足够的时间来积累潜在的买盘基础，以便在下跌开始的时候遏制下跌。当然，反之，一轮突然的急速下跌也会破坏价格结构，因为此时止损指令被执行，许多买进指令也在该股的“整理”运动期间被撤回。

股价随供需状况而动，随之前的行情持续时间而动。这一点不能机械地运用于所有情况当中，这与交易者们当时的心理有关。

一只股票在某个横向整理期——即在某个每日价格区间紧密重叠的区域内——所耗费的时间越长，随后出现的趋势就越显著。但是，在该股离开它的“摆动中心”之前，你无法确定它将走向哪个方向。

我们立即一起来回顾一下 1929 年出现崩跌的几个月期间以及之后的一段时间之内出现的股价运动，你就会注意到时间因素的价值。

我们清晰地记得，1929 年 10 月的后半个月，股价极及快速地下跌，当时投资人毫无理智可言，从众行为、恐惧和被迫性的卖出统治了股票市场。

当时买盘所剩无几。因此每一次卖压出现时，股票都会下跌许多个点，而不是像平常一样下跌几分之几个点。10 月 29 日，第一轮下跌停止，此时是立即冲入市场买进的时机吗？如果你了解时间（它与价格结构有关）（译注：这里的“时间”指的是上文所提到的股票趋势确定之前出现的运动所耗费的时间）的重要性，你就会知道此时不是买进的时机。你应该明白，要在这轮恐慌之后的短短几天之内构建起一个稳定的市场结构是不可能的。

在这样的冲击之后，投资人需要时间来恢复理智。你需要多长时间才能从这种崩跌的影响当中恢复过来？

那么10月29日之后发生了什么呢？接着又出现了一轮严重的崩跌；股价继续摆动，但摆动逐次收窄，直到1929年12月底。1930年1月，股价稳定下来，连续几周在一个狭窄的区间内运动。经过这段时间的横向整理之后，股价从1月份开始稳步上涨，与之前的盘整所耗费的时间相称。但是，你将注意到，股价运动得很缓慢，没有信号表明股票将像前一年一样活跃。为什么会出现这样的状况呢？因为公众没有足够的时间去忘记之前崩跌所导致的损失和沮丧，以及预计未来，市场也没有足够的时间去积累买盘。

如何以市场为导向进行思考

在《新工具论》（译注：1620年出版。书中批判了经验哲学和以演绎方法为主的旧的逻辑方法，强调人要认识和征服自然，就要排除各种偏见和阻碍人们获得真理的虚妄观念，提出著名的“假象说”，进而全面、详细地阐述了新逻辑方法，即归纳法，并把这种方法称为“新工具”。此书奠定了近代归纳逻辑的基础）一书中，在对新的知识进行阐述之前，弗朗西斯·培根先生首先建立了他对世间万物的怀疑态度："总体来说，所有的学者都要把以下内容当作准则——不论他极其有把握地掌握了什么，思考出了什么，他都应该持有怀疑的态度。在处理这样的问题时，我们越是细心，就越是能保证知识的公平性和清晰性……"

下次你再收到某条"刚出炉"的小道消息，或是在报纸上看到某一篇新闻的时候，要仔细地想一想。我的意思是，1930 年 2 月，当原油即将大幅降价这一消息宣布时，成千上万的投资者立刻得出结论，认为原油股立即将开始暴跌。如果他们当时仔细思考一下这个问题，就会问自己这样一些问题：既然预期中的坏消息已经公布了，那么原油降价有没有可能是股价看涨的一个依据？降价将导致生产出现多大程度的缩减？降价是否有助于使生产和消费保持一致？原油龙头股是否已经因为生产过剩及其影响而下跌？原油股的下跌是否已经贴现了可能出现的收益下降？原油的降价有没有可能成为股价上涨的一个原因？1930 年的汽油消耗量会不会正常上涨？如果原油降价导致生产缩减，这将对股价产生什么样的影响？现在的生产缩减是否会为之后的原油涨价铺平道路？

我可以继续列出两三页的问题，但是你从这几个问题当中就能明白我的意思了。

正如弗朗西斯·培根先生近 300 年前所写道的一样："在相信任何事情之前都要先怀疑一切！要当心你将其视为神一样的东西！"这是我所能提供的最好的投资或是交易建议。

基本因素与技术性表现

基本面分析学派宣称基本因素是未来股价唯一可靠的晴雨表，而所谓的“技术面学派”则声明一只股票目前的表现是其未来运动的确切标志，这两个学派之间长期存在着斗争。

在开始讨论之前，我们先来对“基本因素”进行快速定义。一般认为，基本因素就是深层次的因素，包括收益报告、资产负债表、公司的成长史、管理状况、会计核算方法、行业地位、公众对其产品的接受程度、未来的盈利前景，以及其他一些类似的因素。在考虑整体市场的时候，基本因素还包括货币与信贷状况、国内外的商业活动、进出口状况、龙头股的价格与企业的预期收益之间的相关性，等等。

然而，我们能够遗漏掉人的因素吗？在已经掌握了上面提到的各种因素的情况下，我们应该在什么样的基础之上——应该运用什么样的标尺，才能准确预测这些因素将对股价运动产生什么样的影响？我们可以只依靠自身判断吗？如果是这样的话，那么我们要如何确定哪些对基本形势的判断意见是正确的呢？

用股票的表现作为标尺怎么样？股票的表现会告诉我们什么？一位经验丰富的分析者可以探测出技术性因素，例如吸筹或是派发、目前趋势的方向、阻力位、一轮趋势的结束和反转，以及其他一些典型的信号。

但是等一下，是什么导致股价上涨和下跌呢？自然是股票的买卖。由于买卖股票的是人，那么人的行为不也是一个基本因素吗?

简而言之，问题归根到底不就是当普遍认为的基本因素被体现在市场上时，我们要确定公众和华尔街对这些因素的看法是什么吗?

因此，基本分析流派和技术分析流派之间为什么要有争论呢?他们可以相互补充。

上述问题还有一个方面需要考虑。龙头股的大多数买卖指令都不是来自于投资者，而是来自于投机交易。后者包括集合基金的操作、专业人士的交易，而且有无数的交易指令是由那些正在试图抢得一点儿半点儿盈利的抢帽子者们提出的。我们在预测股价的未来路线时，一定要考虑这些交易指令的影响。

因此，在我看来，这三种因素——基本因素、技术性表现和市场心理，都能够也应当在每一次介入市场时被考虑进去。对基本状况的全面分析将告诉我们应当预期获得什么样的收益，由此我们将发现什么样的股票对投资具有吸引力。

通过研究我们密切注意的股票（或整体市场）过去和现在的表现，我们可以知道精明人士的看法是否与我们一致，而不必依靠自己的个人判断。

技术层面的信号同样也可以建议我们何时买卖。技术层面与基本面必定存在着一个通常所说的重叠区（译注：即不管从技术层面来看，还是从基本面来看，都应当进行某种操作）。一个人不可能对任何一种投资环境了解太多。1929 年秋天明确证明，市场本身内部的状况——即技术层面的状况——与基本因素对崩跌的程度有着同样大的影响。不管怎样，从对这两者的客观研究来看，很明显，当时股价很快就会出现一轮剧烈的下跌。

市场表现是基本因素和投机、投资情绪的反映。那么，我们要如何区分哪些表现是基本因素的反映，哪些表现是投机、投资情绪的反映呢？

对自身观点的虚荣心

对自身观点的虚荣心所导致的市场损失，与我所能想到的其他任何一种人性因素所导致的损失一样多。当一个人根据自己的判断或者说“猜测”把资金投入到某只股票上时，试图向他表明他犯下了错误，如果他转向其他投资品种，会挣到更多的钱，几乎是徒劳的。

我提供一个办法供你参考，下次你根据自己或其他任何人的判断买进任何一只股票的时候，都要立即确定是否即使该股不但没有上涨反而下跌了一定的点数，你也仍然会对它有信心。如果你不能做到这一点，那么就要在该股下跌的时候立即坚决卖出，不要等到该股已经下跌了你还没有确定出下一步应该怎么做，要在你买进该股之前就确定，如果出现意料之外的状况，你具体会有什么样的感受。因为，如果你等待一段时间才做决定，你极有可能拖延时间，犹豫不决。不知不觉地你就已经在希望自己当初没有买进了，因为你将眼看着该股下跌，眼看着（自己的账户上）出现那些不必要的庞大的红色数据，而这些数据将进一步让你心神不宁，并且一定会扩大你的损失。

另外一个建议是，不要先买进一只股票，然后又去询问他人对这只股票有什么样的看法。即使他不同意你的看法，你也无论如何都不要理会他的观点；东奔西跑地只为寻找与你观点一致的人是在浪费力气。一位朋友曾经对我说："我刚刚买进了一些通用汽车股，你对这只股票怎么看?"我十分讨厌地回答道："为什么要问我的看法呢? 你都已经买进了。如果我的看法跟你不一致，你会认为我不知道自己在说什么。建议你下次在买进之前来问我。"

对自身观点的虚荣心不只是存在于股票市场当中。你去询问一个拥有一辆雪佛兰汽车的人，问他觉得这辆车怎么样，他会告诉你这是世界上最好的汽车。之后，当他换了一辆别克的时候，他又会告诉你，他都不知道自己曾经怎么会开着像食品罐头一样的雪佛兰，别克是这个世界上无与伦比的!

看在上帝的份儿上，要记住，好股票有很多。你所交易的股票并不是唯一能够上涨和下跌的股票。正如一位有名的作手在《注意你的保证金》一书中所写道的一样："你不必只是因为你买进了一只股票，就要和这只股票保持恋爱关系。你也知道，爱情有时是变幻无常的。"

许多交易者都会因为之前在某只股票上交易遭受了损失，而觉得这只股票"欠了他们什么东西"。为了"打成平手"，他们会冒着赌博的风险。我应该说是为了满足他们的自尊心或者说虚荣心。正如凯利在《成败之因》一书中所表述的那样："虚荣心是股市成功的四大敌人之一。"

第十八章
再谈人性和投机

贪婪

我曾饶有兴趣地在经纪公司观察过一些交易者，也曾设法了解过是什么样的性格削减了他们的盈利。想要“赚大钱”的欲望——也就是贪婪——给我留下了特别深刻的印象。

想要从某一笔交易中榨取最后一个点盈利的欲望或许是最难抵抗的，也是最危险的。在你自己的例子中，这种情况发生的频率有多高：你先是提交了一份委托单，设定了一个适当的目标点位；你的判断告诉你这样的目标是合理的，结果当你所交易的股票到达了这个既定点位时，你却放弃了之前的决定，因为你认为“这轮运动还有 4 个点的空间”。讽刺的是，貌似该股十有八九都不会到达你期望中的点位，我很清楚这一点，因为这种情况曾经在我身上发生过。之后，为了羞辱你损失了盈利——该股进一步朝着对你不利的方向运动了许多个点；十有八九你最终根本没有任何盈利，甚至是遭受损失。

如果我告诉你我是如何保证自己按照最初的计划进行交易的，或许会对你有所帮助：我开设了一组简单的分类账户，就像我是在拿着他人的资金进行操作一样。我先确定一个公认为合理的投机资金收益率，同时开设一个盈亏账户，因为我知道投机成功的真正秘诀在于，当我认为自己的判断一直以来就是错误的，我就要立即接受损失。当某一笔头寸正在赚取相当大的盈利，并且其表现正如我之前所判断的一样，我就会让我的盈利“奔跑起来”。但是，一旦我认为自己的观点一直就是错误的，我会设法立即离场，不会允许我的贪婪迫使我为了那些瞬息万变的期望中的点数而持股不放。我也不会允许自己因为虚荣心而拒绝承认错误。到目前为止，与接受巨大的损失相比，我宁愿承认自己一直以来都是错误的。

另外一件有所帮助的事情，尤其是当你对自己的头寸有所怀疑的时候，就是经常将自己所有的头寸（除了长期投资）平仓，然后一段时间内不参与市场。这会让你清晰自己的观点，最终确定自己的判断。永远不要因为对某种最初的结论的虚荣心而继续持有某一笔头寸，你之后的判断会无声地向你表明你最初的结论是错误的。如果你愿意立即限制自己的损失，让自己的盈利奔跑起来，那么你只需要每五次判断正确两到三次就能赚取非凡的盈利。

为了避免大家的误解，我想解释一下，以上内容不能被理解为我建议大家每天进行抢帽子交易，或者说为了一个点的盈利买进卖出，因为在我看来，从长远来看，抢帽子交易所带来的只会是失败。相反，我是建议大家在股价的长期或是中期摆动期间进行保守的投机交易。要把你的交易集中在那些更加重大的中期运动之上，要把你的精力集中在股票的市场表现上。为了以一种客观的、商业化的方式进行交易，要迫使你自己忘掉“自我”。

像商人看待他的商品一样看待你的股票

商人买进的是他预计能够获利销售的商品。

为了获得成功，你对股票的投机性买进必须符合经商原则。在买进一只股票之前，要保证你能够以更高的价格把它卖给他人。要时刻牢记，每一股被卖出的股票都必须有买主。我知道这听起来很幼稚，但是很多人显然忘记了这一点。当你卖出自己的股票时，你不是自己一个人交易。简单来说，某个地方的某个人会买进这只股票。必须由你或是你的顾问通过判断来确定，是否会有人愿意以高于你的买入价和间接费用之和的价格来买进你的商品。

同样，正如商人知道某些样式不会长期受欢迎一样，投机者也必须意识到某些股票现在很受欢迎，但或许三个月之后需求量就不会那么大了。当一个商人了解到他购进的某一款大衣销路不好的时候，他会怎么做？他会立即降价，比如说降价10%。如果几天之后这件大衣还在他的手上，他会再次降价，到最后他可能会以“地摊货”的价格把这件大衣转手卖出。但是，他最终把大衣卖出去了——他没有抱着大衣不放，希望大衣能够以最初（期望）的价格卖出。

如果你不了解商品零售行业，可以找到一家零售行业（最好是女士服装行业）的朋友，让他告诉你要想盈利，你的买卖原则应该是什么。我向你保证，如果你愿意这样做，然后仔细地考虑你所从事的市场交易和零售交易的相似性，你将从一个全新的、更加有利可图的角度来看待这个问题。

在商品经营中，最重要的因素就是解读公众看待商品风格的心理，正如我所说的一样，在预测市场的时候，市场心理，或者说投资者心理，是最有必要进行的一项研究。商品零售行业中有一句老话，“好的买进是成功卖出的一半”。对于股票来说不也是这样吗？如果你对市场表现的解读是正确的——因为它与需求有关，那么你所买进的股票在你买进的那一刻，就已经是获利卖出的一半了。

忘记股票本身，把它们看作商品，其出售依赖于风格的多变。如果你发现自己已经对市场判断失误，就要降价出售你的商品，处理掉你的商品。接受损失，然后再次尝试。记住，如果限制损失，你可以有能力接受许多次损失，并且仍然可以获利，因为你当初正确买进的商品将为你赚取大笔的盈利。

最后，不要试图在春天出售冬装。要在最后一场雪融化之前将冬装全部卖出。换句话说，让你的“竞争者”们去捕捉某一轮运动当中的最后几个点。最可靠的盈利是位于中间部位——既不是顶部，也不是底部——的盈利。

不要相信你所读到的任何内容

以下是1930年7月29日星期二出现在两篇几乎完全相同的财经文章中的两则新闻提要，其中一则出现在《华尔街日报》上，另外一则出现在《纽约时报》上：

《华尔街日报》：

大陆石油第二季度收益下跌；合并利润 212.0518 万美元，与一年前的 384.2081 万美元形成对比；（一、二季度）6 个月的总收益有所增长。

《纽约时报》：

大陆石油净盈利暴增；季度报告总收益 212.0518 万美元，与第一季度的 52.3302 万美元形成对比。

公司成本大幅缩减；公司预测“收到产品价值报告时”将出现令人称羡的情形。

不难看出哪家报纸乐于刊登乐观的新闻。这两篇文章所表达的内容十分相似。毫无疑问，每家报纸都收到了来自于该公司宣传部的报告。《纽约时报》上的新闻提要读起来像是该提要就是他们自己所写的一样。这些内容并不是用来建议买进或是卖出大陆石油的，但被刊登出来的那些图却表明，轻率粗心的读者将会任由该内容提要的作者或是某家公司的宣传人员摆布。

事实上，在阅读财经新闻的时候，唯一明智的行为就是不相信任何内容。记住弗朗西斯·培根明智的建议：“在相信任何事情之前要先怀疑一切。”

要记住两个重要的事实，除非你时刻警惕，否则这两个事实可能会导致你在市场上的失败。

第一，一般来说，报纸不喜欢刊登悲观的新闻。只要有可能，他们就会把最乐观的言论放在任何一篇商业报道中。你可以去询问任何一个（公司的）宣传人员，他都会告诉你，把任何财务上的改善发给报社，希望这些改善被刊登出来，都几乎毫无用处，除非在说明这些改善时语气上是乐观的。

第二，企业几乎只会强调他们运营当中最好的消息。你经常会读到和企业相关的新闻报道，其中报道的都是企业新的改善、销售额增加、（开发出了）新的产品，等等。这些新闻被刊登出来可能只是为了让公众对这家公司的股票产生兴趣。很可能是某一只集合基金正在操作这只股票，正在通过广告来寻求公众的帮助——频繁的新闻报道是最好的广告方式，仅次于自动报价机的报价纸带上所显示的正在上涨的股价。

一位著名经济学家曾经告诉过我，他从来不会试图相信自己在财经报道中所读到的任何内容，而是会自己努力去分析被刊登出来的事实和数据，不会理会作者所暗示的观点。但是他承认，他自己也时常会在没有进行冷静的、批判性的分析的情况下，不知不觉地被各种各样的报道牵着鼻子走。

再看一看这篇文章开头处的新闻提要，因为担心你没有注意到，我打算再谈一谈，如果你只看到了 1930 年的两个季度的报告，《纽约时报》上的新闻提要就会暗示该公司的业务将出现一次非常大的增长，而实际上这半年的收益只是稍稍超过了 1929 年（同一时期的收益），并且 1930 年的第二个季度的收益比前一年同一时期低了将近 200 万。

一位朋友曾经寄给我一张来自《纽约先驱论坛报》财经版的剪报，在此转载如下，该剪报几乎不需要说明，因为它简明地证实了我在本节内容中所讲述的内容。

以下两段引文昨日出现在不同的报纸上，如果我们把两段文字结合起来考虑，它们或许可以帮助我们了解当时的股市状况。一位评论员说道：“昨日因盈利兑现，为了上涨而进行的操作被迫中止，今天上午这样的操作在纽约股票交易所重新恢复活力，尽管出现了为了兑现盈利而进行的进一步卖出，但这些操作短时间内便在一个多元化的市场上取得了极大的进展。”引文 2：“本周末主要的工业股遭遇了沉重的卖压。棉花和小麦最近的严重崩跌，以及钢铁价格的下跌，导致商业前景充满了不确定性。”

有人告诉我，许多大作手几乎从来不会阅读报纸的财经版，因为他们想要根据客观的数据和市场的表现来得出自己的结论，做出自己的判断，因为他们知道自己可能会不自觉地受到宣传性新闻和财经作者观点的影响，而这些新闻和观点可能是基于传闻，而非事实。

客观观点的价值

如果我们所有人都对自己的投资委托和投机委托持有客观观点，那么我们将获得多得多的盈利，这主要是因为，如此一来我们的损失就会减少。我确信，投资者和投机者所面临的最重要的问题都是限制损失的问题。换句话说，在处理所有交易委托的时候，重点都应该放在防止大额损失和心甘情愿地接受多次小额损失上。

如果我们持有的是客观观点，我们就能够做到这一点。在你自己的交易中，当你的交易判断告诉你应该接受某一笔小额损失的时候，即使这笔钱流出你的口袋之后，你将一整天都不能释怀，你也绝对不要有任何的犹豫。商人为了快速地把某一件大衣脱手会降价，但他不会担心有所损失；买方急急忙忙地买进一些股票，之后可能会发现，如果他再花些时间等待几个卖出报价的话，买入价可以再低几美元；一个商人可能会花公司的钱去进行一场市场旅行，以了解市场哲学，而实际上这并不是必须的，但这笔花销不会让他感到困扰，尽管最后可能间接花的是他自己的钱。在所有这些例子中——你还可以想到更多类似的例子——我们都把心思集中在了手头的工作上，而不是已经花费的资金上。

你要如何才能在市场上获得这样的视角？我唯一的建议是，不管你的市场交易属于长期投资还是短期交易，你都要把它们看作是简单地参与了一项自己感兴趣的事情。我承认这一建议并不是绝对有效，但我的经验证明十分有效。开设一组简单的分类账户，把一定百分比（从 33.33%开始）的资金设置成损失准备金，同时要为你的投资确定一个保守的目标收益，要保证该收益任何时候都不会诱使你冒过大的风险。此外，如果你正在活跃地进行交易，就还要开设一个盈余账户，每个月都要把特定百分比的盈利（至少 50%，然后再反过来把这些资金用来进行债券投资或是长期的普通股投资）存入这个账户。

我相信，如果你愿意这样做，你会不知不觉地发现，你的心思都放在了自己的交易操作上，而不是计算着每一个点都意味着有 50 美元或 100 美元进入了你的腰包。

现在回到限制损失这个问题上。你将发现，你会愿意，甚至是十分开心地接受若干小额损失，因为你的心思将会不自觉地集中到每个月都将往你的盈余账户存入资金这一交易问题上；也因为你将意识到自己拥有一笔损失准备金，而用光这些损失准备金是一件绝佳的事情；同时还因为，即使你的损失准备金被完全耗光了，你所遭受的损失也是你的交易操作中一件意料之中的、正常的事情。换句话说，要想赚取源源不断的盈利，你就必须接受损失，并且是接受多笔损失。

公众总是被愚弄

1930年的初夏，许多人说经纪公司已经通知他们的雇员们提早休假，因为他们预计8月份将出现一轮繁荣的市场。于是公众自然会去捕捉一轮尚未成熟的牛市。然而，这一年夏天的绝大部分时间，我们见证的都是价格的下跌。我没有听说过任何一家经纪公司的人员配备会不能满足业务的需求，我怀疑是否有许多经纪公司都被迫让他们的员工加班。

对我们当中的某些人来说，阅读到如此多的信息显然是发布出来愚弄公众的，这是相当令人沮丧的。然而，我十分怀疑，那个夏天某些“大人物”自己也被愚弄了，因为我确信，他们当中许多人都深信当年5月下旬出现的不活跃的几周是吸筹期。不过，尽管他们当中某些人被愚弄了，但其他一些人还是愚弄了公众。

有一件事情就像税收一样确定，那就是，对于绝大多数人来说，试图在每日波动中智胜“大人物们”是一种财政上的自杀行为。一些人可能会在几次交易中侥幸胜出，但也仅限于在几次交易中。记住，在操作成功的时候，大作手们以及集合基金经理们要么是在智慧上超过了公众，要么是在等待时间上超过了公众。你我应该做的就是，不管是买进还是卖出，都要设法确定好介入市场的时机，以便可以和“大人物们”一起紧跟趋势，领先于公众。这就意味着我们不能允许自己因为被“愚弄”而参与到某一轮运动当中，不能被推动着随大溜。

永远不要追加保证金

市场哲学家对同行的建议是，永远不要追加保证金。经纪人要求你卖出多少他替你持有的股票，你就让他替你卖出多少。负责保证金的职员就是你最好的朋友，你可以依靠他来告诉你何时卖出；反正即使你不听从他的建议，他还是会替你卖出。

为了证明最好“永远不要追加保证金”这一理论，我曾经与许多经纪人面谈过。他们无一例外地告诉我，如果交易者绝不为了保护自己的保证金账户而追加保证金，他们将比通常斩获多得多的盈利。

交易者为什么不应该追加保证金呢?

当你所交易的股票走势对你不利的时候，你的判断一定会带有偏见，此时你不可能冷静地考虑所有的因素。当初你买进股票的时候，你预计它们会上涨，如果出现了相反的运动，你当初的判断就是错误的。那么你到底为什么还要因为想补偿损失而损失更大呢？账面上的损失和实际的损失到底有什么不同呢？你在经纪人账户上的净值是完全一样的（减去代销佣金）。继续持有并没有让你的境况比全部卖出更好一些——事实上，（追加保证金之后）你并没有处于有利的位置，因为你有更多的资金被占用了。因此，你削弱了自己的位置，很可能之后无论出现多么低廉的价格，你都无法再买入。

太过勇敢是危险的

我知道会有许多人反对我即将在此详细叙述的观点，即聚集勇气来帮助你继续持有一笔头寸是很危险的。

在市场当中，恐惧很可能是一种很好的情绪。在发表这些言论时，我所想到的是信用交易。尽管少量的恐惧是一种极好的安全阀，但是我相信你也会赞同，稍微多一点点的恐惧就会让我们丧失正常的推理能力，而没有正常的推理能力，我们就没有理由再进行投机交易。

让我们从另外一个角度来看待恐惧，假设你我在经过适当的考虑之后买进了某只股票，根据对这笔交易的研究，我们认为该股即将上涨，尽管我们预计会出现一些小幅的回调（比如两三个点），但是我们仍然认为趋势是向上的。如果该股（在我们买进之后）没有上涨，而是立即回调（与我们之前预计回调会出现在上涨期间而不是上涨之前这一观点相反），那么我们就会知道自己之前对技术形态的估计不准确。这使得前景变得模糊不清，我们最初所得出的结论是不正确的。如果我们感到困惑，或是害怕结果，那么明智的行为是什么呢？卖出，离开市场并且重新进行分析。

为什么要卖出呢？为什么不咬紧牙关说："哎呀，我既然已经参与交易了，就坚持到我的资金耗完为止吧。我有足够的保证金可以再坚持 15 个点；我会向这只股票证明，它吓唬不了我。"

当股票的走势与你的预期有偏差时，要自己去弄清楚是怎么回事。如果我当时已经出清某一只股票，或者我当时正在场外观望，我就会知道自己当初不应该买进该股。或许我的观点是错误的，但是除非有人向我证明最好鼓足勇气，继续持有这笔头寸，否则我将继续保持恐惧，并且最好的选择只能是离场。出清一只你本不应该买进的股票，这是一种理智的方式，一种有利可图的方式。不是吗?

我曾听如此多的交易者一次又一次地说："我真希望此时没有持有那只股票的多头头寸。相信我，如果不是因为持有那只股票的话，我是永远也不会再买进那个没有价值的东西的。"当我问他们为什么不卖出的时候，我得到的答案是："哦，我不能丧失勇气，现在卖出，我已经在那只股票上遭受损失了。"

我只能说，这就是集合基金操作者和专业人士在与公众一起交易时会获利的众多原因之一。

你可能会回答说，如果你在有疑虑的时候卖出，可能会丧失有利的立场。正如你们所了解到的，截至目前，对我来说，交易当中不存在"立场"这样的东西。如果你目前所处的立场让你遭受了损失，那么你根本不存在丧失有利立场的问题。此外还要记住，股市不会很快就关闭，它明年还是会在那里，让少数聪明人获利，多数愚蠢的人赔钱。

记住，在交易当中，重要的并不是你为某一只股票所支付的价格，而是你买进这只股票的时机。

摊平价格以满足对自身观点的虚荣心

1930年秋天，有一次我在去佛蒙特州享受周末的路上，在火车的卧铺车厢里遇到一个熟人。开始谈话不久我们的话题就转向了股票市场。

他从口袋里拿出了一张 1929 年接近高点的时候买进的股票清单，我听着他跟我谈论他的计划。他说：“我打算等我认为市场已经到达底部的时候，立即再次买进这些股票当中的每一只股票。”

我问他我能否看一看他手里的清单，他同意了。我发现，其中一些股票的发行公司在接下来的一两年之内都不可能出现任何大的繁荣，于是我自然很想知道是什么原因促使他决定再次买进目前持有的每一只股票。

“嗯，你看，我不愿意看到我当初买进这些股票时的价格；如果我在低位再次买进，我就可以摊平价格，这样我就不会那么介意当初的买入价了。例如，我之前以 75 美元每股的价格买进联合公司的股票，如果我在 20 美元左右再买进一些，那么我的平均价格就只有 47.50 美元，这样买入价看起来就不是那么高了。”

“不管这些公司的前景如何，你都要再次买进清单上的每一只股票吗？你决定再次买进联合公司的股票，我没有什么异议，但是我不太明白你为什么要再次买进其他你所持有的股票当中的两三只股票。”

“哦，是的，我会再次买进所有这些股票的，它们全部都是好股票。”

在我看来，摊平价格本身就是不理智的。但是，单纯为了满足你对自身观点的虚荣心而摊平价格却是一种财务上的自杀行为。在摊平价格的过程当中，你是在买进更多价值不如你之前所认为它应有的价值的东西。相反，当你再次买进一只已经上涨到你的买入价之上的股票时，你之前的判断就得到了证实，你的盈利会越来越多。在向下摊平价格的过程当中，你永远也不能确切地知道自己是否正在以底部价买进。我的一位朋友曾在1929年和1930年四次摊平克莱斯勒，而在第四次其买入价是80多美元。

恰恰以底部价摊平的朋友会立即从座位上跳起来告诉我，这种理论是完全错误的。或许即使他真的以底部价摊平，这种理论也不是正确的，因为在这只股票让他获利之前，他都不能断定自己没有买进一只将一直停留在较低水平的“休眠股”。

第十九章

技术图表能够判断股价走势吗？

在过去的几年当中，越来越多的人开始关注股票的各种图表。我们发现到处都有人绘制图表，只要一有机会，他们就会谈论图表，并且询问无数个关于图表的问题：“今天图表怎么说？美国钢铁的图表表明应该买进了吗？我从图表上看应该买进美国罐头；你看到了什么？”

显然，由于使用技术图表的人经常以一种不严谨的态度去解读图表，因此图表的危险性在于诱使投资人把它们用作一种股市“规则”。投资人或许会在不加考虑或是不理智的情况下，以任何一种老式的不严谨的姿态来利用这种“规则”，正如某人盲目地在蒙特卡洛玩某一套规则一样。

图表并不能说明一切。当然，在图表上可以看到交易者的观点所导致的结果。图表不会引起股价运动，它们只是一种辅助工具，经验丰富的人或许可以利用它们来判断出之前的运动会产生什么样的影响。

A. W. 威塞尔曾对图表理论做过大量重要的研究工作，我非常感谢他让我了解到关于图表的一点儿内容。他曾确切地向我证明，如果是机械地使用图表——也就是说，如果我们怀揣着从图表中找到通往市场盈利秘诀的想法去求助于图表——图表是完全没有价值的。

我们都知道，股价会随着买卖双方的观点高低起伏。我们已经了解，股价是投资人针对股票价值得出的结论。正如存在着艺术思潮、文学思潮和科学思潮一样，股市当中也存在着思想的潮流。这些关于股票价值的思想潮流会进一步演变为股价的趋势。趋势分为长期的牛市趋势、中期趋势，这样的趋势反映的是投资人对每个月的股票价值和商业形势的看法；还有小型运动，它们是由交易者对技术市场状况的高度投机和市场内部的操纵力量所引起的。

当我们参考图表的时候，看到的是对交易者和投资者过去思想潮流的描绘。在判断“市场情绪倾向”方面有着多年经验的分析者经常可以由此确定倾向于买进的交易者更多，还是倾向于卖出的交易者更多。换句话说，他们可以更加精明地估计出供需状况。有时，我们可以发现图表上记录了某些可靠的形态，这些形态会指示出股票是在吸筹还是派发。当倾向于买进的交易者和倾向于卖出的交易者暂时平衡的时候，就会出现趋势不明的市场，这样的市场同样可以根据图表上的形态被探测出来。分析者可以根据图表的形态来判断出技术结构——简单来说，就是确定出当前存在的是弱势技术形态还是强势技术形态。

总而言之，我们可以说图表是一种辅助工具，它们可以和其他许多重要的工具一起被精明的交易者和投资者用作市场情绪指南。

但是，由于人性不是持久不变的，因此不可能有永远正确的规则。如果缺乏经验的投资人没有意识到这一点，盲目地跟随图表，那么图表就充满了潜在的风险，可能导致极其严重的损失。

机械的预测永远也不可能取代精明的判断。

第二十章 投资随感

对自身观点的虚荣心是在股市失败的开端。

※ ※ ※

不要让那些老练的建议者用他们的言论愚弄你，他们会说我们在市场方面还没有处于一个新纪元。要利用你自己的头脑，只是回想一下10年前的状况。难道你不认为，与只有二三十万专业人士在其中进行操作的市场相比，数百万公众所关注的市场表现可能会有所不同吗？

一方面，经验丰富的个人交易者会时刻关注各种事件；另一方面，就目前的市场来看，绝大部分的实力掌握在那些只对单方面市场感兴趣的人手中。

如果你不相信这一点，那么回想一下1930年夏天出现的股价惊人下跌。当时的股票套现像瀑布一样逐渐把股票倒入纽约股票市场，只要有人愿意买进，投资人就不计价格地卖出。当然，在过去的8～10年期间，有数百万人第一次买进股票，当我们设法估计股价的涨跌时，必须把这一事实考虑进去。

※ ※ ※

不用告诉我买进什么样的股票，告诉我何时买进。

※　※　※

我在此大胆预测，未来将更加关注于解读受经济因素影响的人性，而不是经济因素本身。

※　※　※

一笔打印在报价纸带上的交易是两个交易者的观点达成一致。对于那些在对解读人性方面有经验的人来说，当人性被反映在股票市场上的时候，公众的情绪在报价纸带上可以历历在目。

我时常在想，财经作者们为什么要如此费尽心机地确定某一只股票某一天的表现背后的确切原因？毫无疑问，这是因为他们的读者想要知道原因。

他们对股票表现的解释多种多样，令人惊奇。这只表明了试图利用已经发布的消息来预测市场运动是徒劳的。消息发布之后，就基本上对市场没有任何影响了。

※　※　※

许多人都收到过追加保证金的通知，但追加保证金几乎不会让你获利。

※　※　※

在短短的15年间，普通股投资者的数量就增加了20倍，或者可能是40倍。

公众正在迅速地变成企业的拥有者。大型的并购和控股公司正在把较小的企业并入大型的、集中管理式的企业，这些企业的股票被各行各业的成千上万的个人持有，这些持有者从基层劳动者到银行总裁。

结果会是什么呢？劳动者将通过持有美国龙头企业的股

票来控制资本？或者劳动者变得更加不满，要求获得更大的盈利份额？

这样管理层不就是必须产出结果，否则就会失业吗？结果就是这些大型企业全部都获得了更加有效、更加公平的管理，这对那些企业的股东和员工都有好处。

我认为，最近的“争夺代表权的斗争”只不过是一种迹象，它表明股东们远比某些人所想象的更关注公司的管理细节。我相信，企业领导人可以通过运作来满足私利的时代正在快速地远去，所有这一切都表明劳资双方将有一个更加令人愉快的、更加有利可图的关系。

※　※　※

快速反转之前通常要有很长的一段路要走。

※　※　※

如果你愿意去发觉依据别人判断出的价值，去预测股价的趋势是不是徒劳的，你可以试试这种方法：问一问消息最灵通的10个熟人，问问他们对通用电气公司普通股的价值有什么看法？你很可能会听到10种不同的观点。

现在我们假设你打算卖出手中的股票，为此你可以获得哪些信息？首先当然是该股当天的市场价格，市场价格与你所听到的观点一致吗？很可能不一致。

因此，任何一只股票的价值不就是它可以轻松被卖出的价格吗？为了进一步探讨这个问题，我们再次回顾这些页的内容当中经常表述的观点，即要想确定股价的趋势，我们就必须解读整体市场的看法，而不是任何一个专家群体的判断。

※　※　※

漫无目的地买卖会让我们无法积累盈利。

※　　※　　※

经常有人请求我为他制定一个市场方案，或者说市场计划，这是一件十分困难的事情，因为每一个人的头脑构成都是不相同的，而一个计划要想成功，就必须适合一个人的脾气禀性。有许多人永远也不应该以保证金的形式买卖股票；还有一些人的判断不受信用交易形式的影响；一些投资者永远也不愿意卖出一只股票；自然地，他们的买进就必须不同于那些不反对在市场表明价格即将下跌时全部卖出的个人投资者。普通股的股性变化很大，因此要对个人需求进行仔细的分析之后才能把股票分配到投资组合当中。因此，投资者和交易者必须使他的市场计划符合他个人的喜好、情绪、欲望、脾气禀性、习惯和目标。不管是投资还是投机，都是高度专业化的，其中个人因素或许比其他任何因素都要重要得多。

※　　※　　※

1 美元已兑现的盈利相当于 2 美元的账面盈利。

※　　※　　※

一轮上涨的最后几个阶段是所有阶段当中最有利可图的，同时也是最危险的。价格快速上涨，同时成交量放大，这就表明这一轮运动或者说摆动进入了尾声。尽管我们及时探测出顶部后卖出，这样的价格是最有利可图的，但是毫无疑问，通常来说，若不去设法获得最后两三个点的盈利，则会失掉更加有利可图的机会。

一看到快速运动就立即冲进市场买进，这是业余投机者的一个共同特质。但是，市场在他介入之后反转，以至他遭遇损失的时候太多了。

正如有一个人曾经对我说过的："在市场当中，一切行为都要与你仓促的结论相反，与看似合情合理的行为相反，这样你才可能会持续地获利。"

※ ※ ※

趋势不明的市场对交易者最不友好。

※ ※ ※

以下内容是从市场哲学家那里借用过来的。在下一轮牛市当中，对股市中人性的研究将是最有价值的研究。交易者的数量越多，我们越有必要研究和了解市场心理，并持有一种市场哲学观。

许多自然的心理反应都已经被证明是致命的。

※ ※ ※

我们要偶尔把投机焦虑和市场焦虑放到一边，当我们真的摆脱了这些焦虑的时候，它们就会变得很渺小，就会失去它们的干扰作用。

我正在佛蒙特州一棵 125 岁的枫树树荫下写作这些内容，透过枫树硕大的树干可以看到远处的草地，一座令人愉快的百年老宅和相邻的谷仓不知不觉地让我对华尔街的各种问题，抱有一种镇静的哲学家似的泰然自若。我们需要经常远离华尔街，以便可以意识到市场波动并不是生活的全部。如果"商业领袖"们愿意抛开他们的各种会议、高尔夫俱乐部、扶轮社和并购会议，逃离一切，深入到乡村，我可以肯定，他们自己会更加开心，也会让我们的交易生涯变得更加令人愉悦，更加心平气和。离开华尔街去一些避暑胜地起不到什么作用，那些地方仍然有股票行情自动报价机和与商业相关的小道消息。如果你真的要远离，就要去那些没有户外广告牌和商务会所的地方。要去寻找森林和丘陵；要去一些小村庄，那里的面包和黄油都是人们用汗水换来的，那里的晚上和周末，你可以与邻居们建立友好的情谊，而不是去膜拜万能的金钱。

※　※　※

当集合基金离场的时候，傻瓜们就会冲进市场。